Melodi: Zandahls kanon

En vishistoria

Anders Berglund

Tack till:

Svenskt Visarkiv
Kungliga Biblioteket
Nils Ferlins rättsinnehavare
Hjalmar Gullbergsällskapet

Copyright © 2021, Musik att minnas och Anders Berglund
Författare: Anders Berglund
Förlag: BoD – Books on Demand, Stockholm, Sverige
Tryck: BoD – Books on Demand, Norderstedt, Tyskland
ISBN 978-91-7785-623-8

INNEHÅLL

Andersson, Pettersson och Lundström 9
Anton Bernhard Sandahl 8
En uppfinnare 254
Gustaf de Vylder 4
Historien om Sandahls kanon 6
I Sandahls fotspår 228
I Tittskåpet 245
Melodi: Sandahls kanon 1
Sverige på 1860-talet 21
Zandahls kanon 1866 10

INSPELNINGAR

Sandahls kanon
Nu kommer kvällen
Visor 1974-1977
Olle Adolphson

Skånska slott och herresäten
Svenska Sångfavoriter
Edvard Persson

SÅNGER

April-visa 115
Bells telefon 31
Beväringsvisa 58
Bildsköna Bengtsson 214
Borgholms ruin 56
Båd farsan och morsan ... 188
Calle Wetterlind 62
Cettis ballong 98
Chromolvisa 175
De konservative 48
Den allra nyaste visan 80
Den finurliga damen 204
Den förfärlige kyrkvaktarn 60
Den lilla maskinen 32
Den stora Expositionen 1866 16
Dä´ fan va´ dom lever...208
En glad visa om bryggaredrängen 104
En gruvelig visa (Storsjöodjuret) 166
En liten visa om demonstrationen 161
En låt till fiol 219
En midsommarlåt 176
En mycket vacker och ... 180
En ny visa 38

En putslustig visa 114
En snarstucken visa 223
En sorglig visa 49
En sorglustig visa 28
En stins klagan 145
En visa behandlande... 216
En visa för dagen 70
Ett farligt frieri 212
Evighetsmaskinen 193
Expositionsvisa 18
Fastlagsvisa 118
Flugplåstret 132
Fotografvisa 134
Fyllnadsgods 122
För utställningen 1897 124
Förklarenga 206
Gubbar 172
Götgatsvisan 220
Helsning till Good Templarne 55
Hjo-visa 169
Hobbies 224
Holmgrens anteckningsbok 210
Hundlif. 171

Hyllningsdikt 110
Hårklyverier 45
I fruntimmersveckan 52
I slottens gemak 222
I tjensteflyttningen 120
Jaktstadga 116
Julmarknadsjubileet 126
Julstöket 68
Junivisa 128
Katarinadagen 34
Korgmakaren 148
Kyrkovärdens antermobilhistoria 194
Köpen 102
Liljeholmsbron 72
Lockouten 108
Lundström i ordenskapitlet 90
Lundströms erfarenheter i Amerika 190
Margarin-visa 76
Marknadsvisa 185
Misslyckadt 121
Mjölkvisa 86
Mordet på Kommendörsgatan 84
Munskänkarne 54
Murarhantlangerskornas strejk 71
Många supar 226
Mälaredramat 139
National 66
Ni-visa 44
Nationalkläder. 117
Nils Knös 186
Nog bör man göra det lilla man kan 209
Nu länge det är 170
Nu nalkas julen 182
När folket tullas 69
När krinolinen kommer 113
Nättrabyvisan 136
Om Hjert och Tector 36
Orkanvisan 158
Patron Petterssons stadsresa 184
Pensionsvisan 26
Poetisk minnesruna 94

Positiv-visa 46
Prohibition 198
Reymersholmsbref 88
Riksdagsmannavalen 1905
Röda Stöfveln 33
Realisationsvisa 183
Revy. 154
Saltsjöbadsvisan 100
Sandahls kanon. 1934   211
Skräddarens lår 92
Skvaller och förtal 87
Skånska glas- och pantoffelprodukter 227
Skånska räcker ... 218
Skånska slott och herresäten 200
Spetskulor 156
Sport 48
Spöket på Kilsund 130
Strikevisa 24
Sundsvallsbranden 74
Svenska slott och herresäten 203
Telefonfröken-visa 106
Telefonvisa 1887
Till fru Kristina D. 152
Till val! 174
Trolleritrick 226
Trottoarvisa 93
Töreboda Goodtemplares basarvisa 162
Urmakaren 150
Varning för prickskytt 226
Vatten! Vatten! 40
Vid Näsby 1870 22
Visan om Storsjöodjuret 164
Visa om riksdagsmannavalen 178
Visa tryckt i år 1944
Waxholm i fara 25
Ynglingens fantasi 2
Zandahls kanon (noter) 10
Ölmoral 78
Ölvisa 138
Örboms munkorg 75
Överstelöjtnant Olof Widmark 196

MELODI: SANDAHLS KANON

I den här boken ska vi följa en vismelodi vars ursprung vi inte riktigt känner till. Förmodligen skapades den i Tyskland och nådde Sverige någon gång under mitten av 1800-talet. Enligt samtida källor skrev Gustaf de Vylder visan *Ynglingens fantasi* 1858 till denna melodi.

Den 14 augusti 1865 gjorde mekanikus A.B. Zandahl fiasko med ett publikt experiment med en undervattenskanon i Hammarby sjö. Händelsen blev mycket omtalad och omskriven i dagspressen. Tre månader senare använde Frans Hodell händelsen till en kuplett i sitt lustspel *Andersson, Pettersson och Lundström* på Södra Teatern i Stockholm. Visan om Zandahls kanon gjorde succé, liksom hela föreställningen.

Nu får melodin vingar!

Under de kommande åren skrivs det hundratals texter med melodihänvisningen Zandahls kanon. Texterna publiceras både som skillingtryck och i tidningar över hela landet. Under resten av 1800-talet får melodin bära texter kring den tidiga arbetarrörelsen, utställningar, telefonen, marknader, öl, margarin, tullar, mord och skojare.

1929 använder Hjalmar Gullberg och Bengt Hjelmqvist melodin till en kuplett i Winges nyårsrevy: Skånska slott och herresäten. Visan sjungs in av Edvard Persson och nu får melodin ännu mer luft under vingarna! På senare år tycks melodihänvisningen Skånska slott och herresäten dominera - åtminstone vad det gäller snapsvisor.

Samtliga vistexter i den här samlingen kan sjungas på samma melodi: *Sandahls kanon.* Sist i boken finns några sidor med notiser och artiklar från dagspressen och faktauppgifter kring Anton Bernhard Zandahls ganska brokiga liv.

Ynglingens fantasi

Ur gnist - ran - de vi - net din skål vill jag dric - ka i
ung - do - mens fäg - ring, för tju - san - de flic - ka med sång - ens och kär - le - kens
gud i för - bund hos dig vill jag drö - ja med ly - ran en stund.

Ur gnistrande vinet din skål vill jag dricka
i ungdomens fägring förtjusande flicka
med sångens och kärlekens gud i förbund
hos dig vill jag dröja med lyran en stund.

Att sjunga den sällhet som bor i mitt sinne
så ren som den flyktade barndomens minne!
Men felar mig toner och darrar min röst
jag finner min styrka igen vid ditt bröst.

Då solen i väster sin strålkrona gömmer
på dig blott jag tänker, om dig blott jag drömmer
Var tindrande stjärna som börjar sitt tåg
sig avspeglar sin bild i den slumrande våg.

Om havet vi se i de lugnaste stunder
och skåda vi himlen båd´ över och under
Din själ är den speglande blå ocean
och jag är den sjungande, döende svan.

Ej föddes en tanke mer ren än ditt hjärta
jag ser dig med oro och bortflyr med smärta.
Vid första ackord av din viskande röst
en ljusvingad ängel flög in i mitt bröst.

O, le då! Ej längre jag klagar och gråter
där borta vi snart blir förenade åter.
Jag lyss till din viskning och dricker med lust
din glödande kyss utur druvornas must.

Jag suckar med tårar och ropar med smärta
kom åter du hulda till ädlingens hjärta!
Snart reder sig jorden sig åter till brud.
och lunderna klädas i grönskande skrud.

När du sjunker ned i den nattliga graven,
då bredes ett ljusflor kring jorden och haven.
Farväl all min kärlek, farväl all min sång!
Vi träffas nog en gång, fast väntan är lång.

YNGLINGENS FANTASI - BAKGRUND

Visan *Ynglingens fantasi* kom i tryck 1858. Den uppges i ett vistryck från 1860 vara författad av O.G Pallin, men har enligt flera andra källor Gustaf de Vylder som upphovsman till texten. Melodin kan vara tysk. Vid den här tiden i mitten av 1800-talet var det ett stort inflöde av vismelodier från Tyskland. Det var ofta enkla melodier med få harmonier.

Ynglingens fantasi blev mycket populär och kom att spridas som skillingtryck i ett 50-tal upplagor fram till 1920. Däremot tycks den aldrig ha förekommit i någon visbok med notskrift - så vilken är bakgrunden till våra noter?

Jo, i ett vistryck från 1866 publiceras *Zandahls kanon* i ett pianoarrangemang. Här anges "I gnistrande vinet" som melodihänvisning. Det är alltså möjligt att det är just så här som också *Ynglingens fantasi* skulle ha sett ut i noter.

3

GUSTAF DE VYLDER

Den här skriften är betitlad *Melodi: Sandahls kanon*, men melodins ursprung känner vi tyvärr inte. Vad vi vet är att det var visan *Ynglingens fantasi* som först fick bära melodin i skillingtrycken. Trolig textförfattare: Gustaf de Vylder. Vem var han?

Gustaf de Vylder föddes den 14 december 1827 i Norrköping. Han var en mycket mångsidig man med många strängar på sin lyra.

Som ung utbildade han sig till lantmätare, men övergick 1844 till att bli xylograf. Fram till 1871 arbetade han också som xylograf och deltog i illustreringen av kalendern Svea och flera naturvetenskapliga verk.

Som entomolog reste han 1875 till Afrika och Sydamerika och vistades utomlands i ett par omgångar under flera år.

Författaren Gustaf de Vylder både skrev och illustrerade barnböcker - men också flera lustspel för teatern. Just år 1858 - då också *Ynglingens fantasi* kom ut - hade han flera lustspel på gång i Stockholm: *En liten stjerna*, *Friarefärden*, *Gammal kärlek rostar aldrig* och *Hin Ondes altartavla.*

Gustaf de Vylder
Av Henning Thulstrup -
Svenskt konstnärslexikon

Men - så händer det något i Stockholm år 1865:

Den 14 augusti företar mekanikus *Anton Bernhard Zandahl* ett experiment med en undervattenskanon. Det slutar med ett stort fiasko och blir faktiskt en visa över hela stan - och det är Frans Hodell som skriver visan *Sandahls kanon* till sitt lustspel Andersson, Pettersson och Lundström på Södra teatern.

Melodihänvisningen Hodell använder är: *I gnistrande vinet.- känd positivvisa.* Från och med 1865 övertar nu Frans Hodells text *Sandahls kanon* huvudansvaret att föra vismelodin vidare. Det finns faktiskt bara en sång till i den här skriften där *Ur gnistrande vinet* anges som melodihävisning.

4

EN MÅNGFRESTANDE MAN

Utdrag ur: Vestgöta Korrespondenten 1895-11-19

Gustaf de Vylder o. Joseph

Vid bläddrandet i gamla papper fann jag härom dagen ett fotografikort, som väckte mer än tjuguåriga minnen till lif.

Det var bilden af en liten man med stort skägg och glasögon, iklädd en uniform som påminner om officerarnes i svenska flottan.

Vid hans sida och förtroligt lutad intill honom står en något ovanlig företeelse, en negerpojke med knollrigt, ulligt hår och klädd i en drägt af något slags randigt tyg.

Mannen heter Gustaf de Vylder och pojken är hans fosterson Josef från Ouguava i Calavari-öknen i Södra Afrika.

Gustaf de Vylder var egentligen xylograf, och en ganska skicklig sådan. Men han sysslade också med litterära saker, samt skref qvickt och roliga stycken för teatern. "Friarfärden", "Hin ondes altartafla", "En liten stjerna" m.fl. Dessa och andra uppfördes med framgång på 50- och 60-talen på Stockholms sekundteatrar. Var flitig medarbetare i "Friskytten".

Han har skrivit den på sin tid mycket populära visan "I gnistrande vinet din skål vill jag dricka". Visan öfverflyglades sedermera af "Zandahls kanon" af Frans Hodell, hvilken kom att skrifvas på samma melodi. Men hvad han med mera brinnande ifver sysselsatte sig under lediga stunder var zoologiska studier, mest dock åt entomologiska. Han förvärfvade snart nog inom denna special-vetenskap så stor skicklighet att han togs till hjelp inom Vetenskapsakaemien för ordnande af dess samlingar.

Historien om Zandahls kanon

Sången *Zandahls kanon* bygger på den händelse som inträffade den 14 augusti 1865. I dagspressen stod det att läsa om en märklig uppfinning, som allmänheten inbjudits till att beskåda vid Hammarbysjön i Stockholm.

Hammarby sjö sedd mot nordost. Till höger Danviksklippan.
Fotograf: Okänd 1893-1905 Stockholms stadsmuseum Fa 48618

Undervattenskanon.

Hr A.B. Zandahl har i ett program inbjudit allmänheten att den 14 Augusti åse ett experiment med en af honom uppfunnen undervattenskanon. Kanonen skall på 1000 fots afstånd under vattenytan sönderspränga en med tre-dubbel jernplåt bepansrad båt. Experimentet utföres kl. 7 e.m. uti Hammarbysjön. Åskådarne samlas på vägen utanför Danvikstullen och på bergshöjderna deromkring. Kanonerna visas kl. 3-6 e.m. uti bygganden vid landsvägen.

Dagens Nyheter 14 Augusti 1865

Enligt en ögonvittnesskildring publicerad i Dagens Nyheter den 16 augusti var allt som allmänheten fick se en "gammal rutten båt med röd flagga som låg 4 à 5 tum öfver vattnet". Utöver det: ..."något som liknade en rund snusburk", som skulle vara själva spränganordningen.

Folkmassan kände sig lurad. Båten drogs upp ur vattnet och släpades "...från Lugnet utom Danviken, Tjärhofsgatan, Stadsträdgårdsgatan och Stora Glasbruksgatan framåt". De var på väg med båten mot Södermalmstorg, där Sandahl bodde. Polisen blandade sig dock snart i saken. Med soldater till hjälp kunde de bringa båten i lugn hamn ned i "Jernvågen".

På begäran av Zandahl infördes följande dag ett tillkännagivande i Dagens Nyheter:

Tillkännagivande. Under det jag förliden måndags afton var sysselsatt med förberedelserna till det blifvande experimentet, behagade en otålig folkhop, som ej hade tid att vänta, uppdraga båten på land samt bortföra den långt från stranden. I följd häraf kunde sprängningen då ej verkställas.

Nu kommer den hädanefter att ske blott för vederbörande och herrar, som mig gynnat samt de som erhållit biljetter, på den dag allena för dem och herrar tidningsredaktörer kommer att tillkännagifvas, emedan dessa hafva medverkat till de dyra kostnaderna.

A.B. Zandahl

7

Anton Bernhard Zandahl

Vem var då denne Zandahl? *Anton Bernhard Sandahl* föddes i Skara den 30 juli 1816. Enligt Skövde stads husförhörslängd var han skollärare och gift med Hedvig Rylander. De bodde i Skövde och fick tre barn tillsammans, under åren 1846-49, två flickor och en pojke. Enligt samma husförhörslängd lämnade han sin familj och flyttade till okänd ort.

Nästa gång vi läser något om Zandahl bor han i Stockholm. Här arbetar han som uppfinnare och mekaniker. År 1861 fick Zandahl patent på sitt tändnålsgevär. Geväret ingår numera i Livrustkammarens samlingar. Samma år ändrar han stavningen på sitt efternamn till Zandahl. Vid den här tiden har Zandahl många andra idéer kring olika vapen - men lyckas inte fullfölja sina planer.

Efter den märkliga händelsen i augusti 1865 blir Zandahl sedd som en skojare och en löjlig figur i omvärldens ögon.

Bild från Granfeldts bok 1891
Sandahls kanon - Äventyrsskildring

Mot slutet av 1860-talet arbetar Zandahl med att skapa en ny sorts undervattensbåt på Skärgårdsartilleriets varv på Skeppsholmen. U-båten har formen av en svärdfisk med en lång stång i fören. Den framdrivs med en propeller som sättes igång med en trampmaskin. Marinen är dock inte imponerad och projektet skrotas.

Ännu 1873 inlämnar den outtröttlige Zandahl en modell och en ritning till Överståthållarämbetet på en av honom uppfunnen livräddningsstång att användas för räddning av människoliv vid eldsvådor i Stockholm.

Den 19 mars 1875 läser vi tråkiga nyheter i Fäderneslandet:
"I onsdags stod målaren Anton Bernhard Zandahl tilltalad för bettleri och försök till bedrägeri. Efter slutat förhör dömdes han att såsom försvarslös och bettlare intagas å arbetshus".

Efter detta går uppgifterna om Anton Bernhard Zandahl isär. Enligt en källa avlider han bara någon månad senare, men enligt Livrustkammarens arkiv lever han fram till 1880.

Andersson, Pettersson och Lundström

Lustspelet *Andersson, Pettersson och Lundström* i tre akter och sju tablåer är skrivet av Frans Hodell. Hodell var en av landets flitigaste lustspelsförfattare med drygt hundra olika teaterstycken. Stycket är ursprungligen baserat på komedin *Der böse Geist Lumpacivagabundus* av Johann Nestroy 1833.

Pjäsen inleds i trollens rike. Trollen slår vad om hur människorna klarar av att bära lycka och framgång. Tre gesäller väljs ut, den melankoliske Andersson, den fåfänge Pettersson och den festglade Lundström.

Lyckans gudinna Fortuna visar sig i en dröm och avslöjar vinstnumret i Hamburgerlotteriet. Vännerna vinner högsta vinsten och börjar leva i sus och dus. Andersson räddas av kärleken, de bägge andra förlorar allt de har fått.
Sens moral: Ingen lycka utan kärlek!

Sandahls kanon dyker upp i fjärde tablåns första scen - sång nummer tolv. Melodihänvisning:"I gnistrande vinet" etc.-känd positivvisa. Sången sjungs av en positivspelare som efter framträdandet samlar in pengar i sin mössa.

Gustav Bergström som Pettersson, August Warberg som Andersson och Frans Hodell som Lundström.

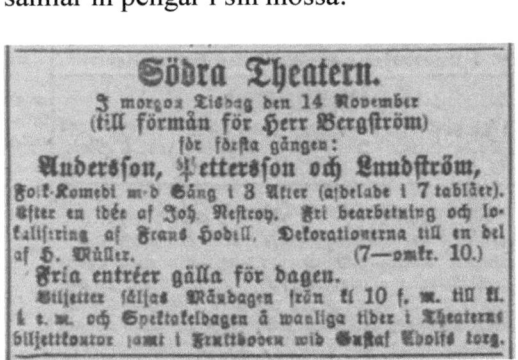

Stockholms dagblad 13 november 1865

Lustspelet uppfördes på Södra Teatern 14 november 1865.

Efter viss tveksamhet hos publiken blev föreställningen en stor succé. Den spelades mer än 700 gånger under åren 1865-1912. Räknar vi med alla föreställningar utanför Stockholm blir antalet säkert fler än 1000.

9

ZANDAHLS KANON

Mel. I gnistrande vinet...

En ynkelig visa jag önskar att sjunga
med anda och själ och med kropp och med tunga
med hjärta, med strupe, med hals och med ton
om en som blev tokig i Zandahls kanon

Det var just en flicka som bodde på söder
som mistat båd´ fader och moder och bröder.
För alla var gångna till himmelens zon
precis som åt fanders, herr Zandahls kanon.

Och flickan på söder hon hette Fredrika
och plägade ofta i Dagbladet kika.
En dag var hon inne hos hökarn i bo´n,
och då fick hon läsa om Zandahls kanon.

Hon läste att den som sig ville begiva
till Danviken skulle ett slughuvud bliva.
Om blott man sig ställde och titta från bron,
på båten som sprängdes av Zandahls kanon.

10

Och flickan satt på sig den sötaste minen
och koftan och kjolen och så krinolinen.
Och sedan till Danviken tog hon motion
men såg varken båt eller Zandahls kanon.

Si, saken var den att mitt oppe i ståten,
så kom själva fan och sig satte i båten.
Och folket ju därför i land måste ro´n,
sen gav de på båten Herr Zandahls kanon.

När detta var gjort, börja´ mängden att hurra
och sedan så gick det precis som en snurra.
Att bära framåt uti likprocession,
hin håle och båten och Zandahls kanon.

Men flickan hon stannade vid hospitalet,
det var ju naturligt, när allt var så galet.
Och ännu så står hon och tittar från bron,
men slug blir hon aldrig på Zandahls kanon.

Och denna här visan en smed haver diktat,
som uti polisen för oljud har pliktat,
för när han var ute och såg på kanon,
så var han på kulan, den dumma kalkon.

Text: Frans Hodell

Zandahls kanon gör succé på Södra teatern tillsammans med lustspelet
Andersson, Pettersson och Lundström. Melodin är lätt att memorera och upp-
byggnaden gör också att det nästan är pinsamt enkelt att sätta egen, ny text
till. Det är en helt färdig form som det bara är att stoppa in egna ord i!

Första och andra versraderna ger diktaren så kallade *kvinnliga rim*. Här har
orden sin betoning på den näst sista stavelsen. Ofta är orden ofta tvåstaviga,
men inte alltid. Några exempel från Zandahls kanon:
sjunga - tunga, söder - bröder, visa - prisa, Fred*rika - kika,*

Tredje och fjärde versraderna ger diktaren *manliga rim*. Här ligger rimmet
på den sista stavelsen: *ton - kanon, zon - kanon, bron - kanon,* kalk*on - ka*non.

MELODIN ZANDAHLS KANON 1866

Visor i skillingryck saknar så gott som alltid noter. Här finns en text och i bästa fall en melodihänvisning. Zandahls kanon ingår dock även i ett vistryck från 1866 - året efter det att "Andersson, Pettersson och Lundström hade premiär i november: *Fiken* samt *Zandahls kanon* Kupletter ur Folk-Komedin "Andersson, Pettersson och Lundström" Frans Hodell. Stockholm Tryckt hos Isaac Marcus, 1866

Melodistämman från 1866 är skriven i C-dur och inleds med - i stort sett - samma notbild som vi idag är vana vid. Melodins andra halva *"med hjerta med strupe, med hals och med ton, om en som blev tokig i Zandahls kanon"* låter däremot lite annorlunda. Hur det faktiskt lät när sången sjöngs från Södra Teaterns scen kan vi inte veta.

Fermatet* på ordet **ton** känns avpassat efter ett scenframträdande. Den som vill hålla ut länge på just den tonen - för att skapa dynamik i sången - vilar nog gärna på en vokal, helst följt av en tonande konsonant. Och mycket riktigt! Alla verser i sången Zandahls kanon har det faktiskt så ordnat:
zon, bo´n, bron, mot*ion*, ro´n, likprocess*ion*, och kal*kon*.

* Musikalisk term som i notskrift anges med en punkt med en båge över.
  Fermat betyder att noten under tecknet ska hållas ut längre än notvärdet avser.

12

SKÅNSKA SLOTT OCH HERRESÄTEN 1929

1929 sjöng Edvard Persson in *Skånska slott och herresäten* med melodihänvisningen *Sandahls kanon*. Den här inspelningen kom att bilda skola för "hur melodin går" för lång tid framöver. Vad som kan skilja melodivarianterna från 1866 och 1929 åt (utöver noternas positioner) är de ställen som sångaren väljer att lägga in en punkterad fjärdedelsnot med en efterföljande åttondelsnot i takten.

Edvard Persson sjunger sången med jämna fjärdedelar i varje takt. Utöver det saknar flera av verserna i Edvard Perssons framförande fermatet i takt nummer tolv. Det är heller inte lätt att hålla ut på tonen när ordet som ska sjungas är *smått*, *spett* eller *slott*. Så mycket bättre går det när det sjungna ordet är *ljus*, *stan*, *gräs* och *viol*. De chanserna tar också Edvard Persson väl hand om.

ZANDAHLS KANON - HARMONISERING

De flesta vismelodier som strömmade in till Sverige från Tyskland under mitten av 1800-talet byggde på en harmonisering med enkla treklanger i dur. Vistrycket från 1866 saknar också mollackord. I senare harmoniseringar i svenska visböcker byts ofta durackorden i takterna 4 och 12 ut mot mollackord.

SÅNGER MED MEL: SANDAHLS KANON

Det dröjde inte länge innan det började dyka upp visor i tidningar och skilling-tryck med melodihänvisningen *Sandahls kanon*. Även om sången *Ynglingens klagan* (Ur gnistrande vinet...) var äldre och redan förekommit i många vistryck var det ändå Sandahls kanon som fick vara melodibärare.

Redan 1866 - medan ännu revyn "Andersson, Pettersson och Lundström" spelades på Södra teatern - skrevs visan "Den stora expositionen 1866" med melodihänvisningen *Sandahls kanon*. Det här året var det en stor industri-utställning i Kungsträdgården i Stockholm.

> *Vad liv uti Stockholm på gator och torg*
> *från Djurgår'n och ända till konungens borg.*
> *Där vimlar av resande, stora och små,*
> *och långa och tjocka som gapande stå.*

Merparten av sångerna är lätta att datera eftersom de beskriver händelser som är mycket välkända. De visor som givits ut som skillingtryck har i de allra flesta fall tryckåret angivet. När de publicerades i tidningar som Söndags-Nisse, Fäderneslandet eller Dagens Nyheter vet vi till och med både år och datum.

Saltsjöbadsbanevisan

Tryckt hos G. Walfrid Wilhelmsson 1892

> *En bana det byggdes direkt i från staden*
> *bland bergen den slingrar sig till Saltsjöbaden*
> *en holme i sjön där noblessen ska bo*
> *från sorger befriad, i vila och ro.*

De tidiga vistexterna är ofta rena nyhetsvisor. De handlar om mord, orkaner, marknader, strejker och politik. Speciellt de visor som handlar om mord är omfångsrika med mycket information om händelsen. Mordet på Kommen-dörsgatan, Mälarpiraten och visan om Hjert och Tector är exempel på detta.

> *Till varning för gamla och varning för unga*
> *om Hjert och om Tektor mig lyster att sjunga*
> *för alla som nu vilja höra uppå*
> *historien om dessa missdådare två.*

Ynglingens fantasi skrevs uppenbart som en kärleksvisa. Som sådan har den också ingått i många skillingtryck från 1858 och framåt tillsammans med andra, liknande visor. Bilden visar ett skillingtryck från 1860 med Åtta Kärleks-visor. *Ur gnistrande vinet...* finns med som den femte.

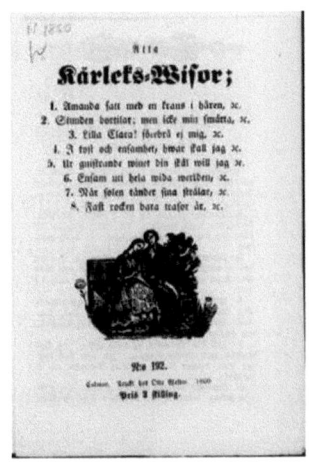

Ur gnistrande vinet din skål vill jag dricka
i ungdomens fägring förtjusande flicka
med sångens och kärlekens gud i förbund
hos dig vill jag dröja med lyran en stund.

När Frans Hodell skriver *Zandahls kanon* 1865 lämnar vi kärleksvisan och byter genre.

En ynkelig visa jag önskar att sjunga
med anda och själ och med kropp och med tunga
med hjärta, med strupe, med hals och med ton
om en som blev tokig i Zandahls kanon

Med melodihänvisningen *Zandahls kanon* hittar vi från och med 1866 mängder av sångtexter på olika teman. Visorna publiceras som skillingtryck och i tidningar, både i Stockholm och i andra städer. Det är visor om utställningar, marknader, Storsjöodjur, svindlare och mördare. Texterna blir snart alltmer skämtsamma och behandlar så gott som samtliga ämnen med en god portion humor. Visan om *Holmgrens anteckningsbok* är ett exempel.

En ynkelig visa jag börjar att sjunga
till varning för fruntimmer, gamla och unga.
Den handlar om Holmgren som lade ut krok
för kvinnor och sen förde anteckningsbok.

En sista (?) genre för melodin är fest- och snapsvisan. Melodin har använts som skämtsam hyllningsvisa till jubilarer och födelsedagsbarn i decennier. Den som studerar snapsvisors melodihänvisningar kommer att stöta på både *Sandahls kanon* och *Skånska slott och herresäten* många gånger.

15

Vad liv uti Stockholm på gator och torg
från Djurgår´n och ända till konungens borg.
Där vimlar av resande, stora och små,
och långa och tjocka som gapande stå.

De svettas och springa från morgon till kväll
som kyparepojkar på Rydbergs hotell,
men veten, go´ vänner, att det hör till ton
i landsorten att ha sett exposition.

Och nog industrien går framåt ändå,
ty mycket det finnes att skåda uppå,
bland vagnar och pälsverk och båtar i mängd,
så ser man en skjorta och frack där upphängd.

Peruker och mattor och smiden av järn
från Atlas och Kockum, Bolinder och Waern
och varje utställare har nu den tron,
att bli prisbelönt uppå exposition.

Ack, mänskor här finnas av tusende slag,
som man får bekika allt efter behag.
Men flickorna, som exponera sig, de
ä´ ändå det bästa som man kan få se.

De gå där och skåda så glada omkring
och drömma om fästmän och märkliga ting -
att få se modellen på Zandahls kanon
de söka så ivrigt på exposition.

Nu slutar jag visan om folk och om liv
då jag får dra veven på mitt positiv
men vill ni den lära, så köp den av mej,
den kostar på öret - singdudelidej.

Och nog får ni skratta, det svarar jag för
och strax blir författaren på gott humör.
Ni hör att den går på en trevliger ton
och handlar och rör sig om - exposition.

Industripalatset vid Industriutställningen i Kungsträdgården, Stockholm 1866.
Molins fontän. Sveriges del av utställningshallen.

En ynkelig visa jag önskar att sjunga
med anda, med själ och med kropp och med tunga,
med hjärta, med strupe, med hals och med ton -
om en, som blev *galen* i - *exposition'*.

Det var just en flicka, som sömma' och vävde
och som uti Telge bland "tokarna" levde;
men plötsligen fick en så stark ambition,
att hon for till Stockholm, till *exposition'*.

Där gick hon omkring för att se och bekika
Herr *Hammers* museum och samlingar rika;
men huset som ligger bredvid Skeppsholmsbron,
det ansåg hon dyrast på - *exposition'*.

På "kungliga operan" hon såg - *inga pjäser!*
hon tittade bara på herrar chineser;
men lyckades sedan, att, utan pardon,
dem närmare känna på - *exposition'*.

Hon köpte biljett, man hann knappt inom dörren,
som leder till utställningsbyggnaden, förrän
hon ropte förtjust: "Är det skick och fason? -
Jag tror, jag blir tokig i - *exposition'*!"

Hon såg så förfaseligt präktiga saker:
En hög obelisk utav snus och tobaker -
och så mycket tvål, att en hel garnison
därmed kunde tvättas på - *exposition'*!

Pomador hon såg uti ask och i låda
en "Eau-de-cologne's-dusch" hon också fick skåda,
och viskade blygt: "Vor' jag ej kvinnsperson -
jag tog mig en dusch uppå - *exposition'*.

Av råg och potatis hon såg hela kappland...
och landskap från Skåne och pärlor från Lappland
Mamseller i muffar och pälsklädda don -
trots hettan och värmen på - *exposition'*.

På snörliven såg hon mångfaldiga gånger
på "valkar av hår" och en massa chignon'er; -
men rev sig i håret och knarra' med skon...
och rodnade rysligt för - *exposition'*.

Hon läppja' på punsch ifrån "Cederlunds söner";
hon såg på en säng som var bäddad så sköner
vid fotografierna ropade hon:
"Jag tror jag står *själv* uppå - *exposition'*!"

Hon såg på kanoner och glas och porsliner,
på master och flaggor och rep och machiner; -
men mest likväl fängslade hennes person
fontänen i mitten av *exposition'*!"

När se'n från förtjusningen sansad hon blivit,
Hon sade: Nog kunde väl Ägir ha givit
åt döttrarna sina, på hygglig fason,
en kjol att ta' på sig på - *exposition'*!

När expositionen hon så fått beskåda,
hon såg mikroskopet och valfisken båda
och se´n hon i buken sig tagit motion, -
så reste hon hem ifrån *exposition´*.

För Stockholm hon vurmar allt sedan den tiden;
men "tokarna" påstå att hon blivit vriden -
och skratta alltjämt i försmädliger ton...
åt *flickan* och *Stockholm* och - *exposition´*.

Dock, fastän min visa är "tokig", kan tänka,
en liten moral kan den likväl er skänka:
Att svenskarna ä´ den mest kloka nation,
om alla bli galna - i *exposition´*.

Frans Hodell

Bihang till 3:dje upplagan af Andersson, Pettersson och Lundström
Denna visa har vid styckets senaste representationer blifvit sjungen
af Lundström, i stället för sången Nr 12.

Södra Teatern i Stockholm

SVERIGE PÅ 1860-TALET

I mitten av 1800-talet är Sverige ännu ingen demokrati. Enligt 1809 års regeringsform delas makten mellan kungen, rådet (regeringen) och riksdagen. Riksdagen består av de fyra stånden; adel, präster, borgare och bönder.

1866 genomförs representationsreformen i Sverige. Då avblåses den sista ståndsriksdagen och Sverige får en tvåkammarriksdag där rösträtten bestäms av inkomstnivå. Ståndsriksdagen, som tillkom under 1400-talet, hade då varat i över 400 år.

I tvåkammarriksdagen började kampen för en demokratisk rösträtt. Vänsterriksdagsmän lade fram flera motioner för att utöka rösträtten i första- och andrakammarvalen. Anders Uhr krävde år 1872 rösträtt för alla myndiga män i andrakammarvalen och Fredrik Borg krävde samma rösträtt för kvinnor som för män 1884. Alla förslag röstades ned i riksdagen.

Den sista ståndsriksdagens afblåsning på Gustaf Adolfs torg.
O. Andersson Litografi i Ny Illustrerad Tidning, nr 25 den 23 juni 1866

Vid Näsby den 2 juli 1870

Med anledning af en afdelning af Svea artilleri besök.

Till Näsby så kommo så många kanoner,
och hästar och vagnar, och granna baroner;
kaptener och löjtnanter slogo sig ner;
i parken och togo sig där en dinér.

I parken, så härlig, så många sågs vandra,
fast helgdag det var ej, man bör det ej klandra,
ty ej kan man njuta nog där, eller hur?
Är där ej en herrlig och "triflig" natur?

Är här icke soligt? se blott uppå fälten,
där Flora strött ut sina färgade bälten,
båd´ gula och blåa och röda med mer.
(O! finge vid Näsby mitt bo jag slå ner!)

Och taffelmusiken ljöd vida i parken,
men ej av kanonskotten darrade marken:
De hade bestämt skjutit bort allt sitt krut,
ty ej hördes av någon enda salut!

Fast intet skott från kanonerna dundra´
så stodo så många omkring dem och undra´,
men varpå de undra vet ingen person,
kanske att de trodde´t var "Sandahls kanon!"

Och flickor i gräset så många där lågo,
och trånande uppå de "bussarne" sågo,
och tänkte: "nog låge ni hellre hos oss,
än ströva omkring uppå kampar och slåss!"

Men W-r från M-d, han gjorde sitt bästa;
ty han kunde läska sin törstande nästa,
han kunde så bjuda på öl som på vin,
och vänlighet strålade uti hans min.

Ja W-rs "kanoner" de voro de bästa,
ty de kunde smälla så duktigt de flesta,
och korkar var kulor och krutet var "vått";
ej osade krutrök, nej allt var så gott!

Farväl nu då Näsby, med dalar och kullar
kanonvagn och "knektar" nu ifrån dig rullar,
och kringelmadamer och lysten publik,
som härmed er tackar för "krig utan skrik".

Thunis

Mariefreds Tidning 1870-07-09

Strikevisa

En ynkelig visa jag önskar att sjunga
om något som rör både gamla och unga.
En feber, som kallas, om ej jag minns fel,
för strejk eller strike - va´ tycker ni väl?

Den febern den kommer precis som koleran,
men piller och droppar kan inte kurera´n.
Och får man den febern till kropp eller själ,
så dör man därefter - va´ tycker ni väl?

När han kom till Sverige, den listige räven,
fick murargesällerna släng utav sleven.
Men se´n de i Tyskbagarbergen fört gräl,
så friskna man de till - Ja, va´ tycker ni väl?

Men *striken* var dock inte nöjd med beskede´,
han tog timmermännena med på ett bräde -
och fick, såsom svar uppå allt sitt krakel,
goddag, kära yxskaft. Va´ tycker ni väl?

Till sotarna febern se´n började vända,
och det var det svartaste dåd som kan hända.
Väl i deras öde polisen tog del,
men två dogo sot-död. Va´ tycker ni väl?

Ur Söndags-Nisse Strix den 5 november 1871

Waxholm i fara

Nyss läste vi alla i allmänna bladen
om krigiska lekar vid Waxholm; i staden
den lilla med kojor en ruta ej sprack,
fast det emot fästningen gjordes attack.

Ett budskap förkunnade ändock, o fasa!
att fästningen klena var färdig att rasa,
förty att den plötsligen råkat i brand,
och hr kommendanten, han vred nu sin hand.

De krutgubbar svoro och darrade alla,
då hördes en simpel sergeant dem befalla:
"Vi inställa elden, jag ansvaret har"...
och Waxholm var räddat - *det står ännu kvar*!

Gen´ralerna tyckte ej om den kampanjen,
men hämtade tröst i den ädla champagnen.
Om fästningen sägs nu från zon och till zon:
"Den tål varken Krupps eller Zandahls kanon."

Och skulle vi mötas av fiendens skara,
kan Waxholm blott *ett*: att sig icke försvara;
och *flottan*, vårt hopp i den kritiska stund,
den sjunker, om icke hon sättes på - grund!

Fäderneslandet 1871-09-31

Pensions-visan

En begrundansvärd undervisning om nyttan av pensioner för stora och små

Pensioner man slösar ju jämt på de store,
och därför jag önskar att mäktig jag vore,
ty allt se´n min ungdom jag levat i tron,
att gamla som unga behöva pension.

Pension för de unga är alltid nödvändigt
och särskilt för mödrarna mycket behändigt,
pension för de gamla dock älskar jag mest,
ty alltid i livet - kontanter är bäst!

Napoleon den förste, han blev pensionerad,
och på St:Helena - fast instängd - logerad!
Om Bismarck blir gammal, nog väcks då motion
att han skall begåvas med furstlig pension!

Ja, chefer, majorer, kaptener, genraler
pension ju bekomma, som lyfts i qwartaler,
men har ni väl hört att en man ur skvadron
bli´t hugnad av staten med dräglig pension?

Nej, ingen har tänkt på pension för soldaten,
han knappast har kunnat förskaffa sig maten,
ty se´n han i tjänsten bli´t gammal och slö
man låter den stackarn i fattigdom dö.

Min pappa var en utav hjältarnas skara
som skulle mot Ryssen vårt Svea försvara.
hur gick det väl, tror ni, med far min´s pension?
- Precist - som i visan - med Sandahls kanon.

26

Jag skulle kanhända en sångare blivit
och stora konserter för publikum givit,
om endast man far min had´ givit pension
ty då nog hans söner fått edukation!

Och världen är full utav stora exempel
hur armod och sorger ha intryckt sin stämpel
för mången för övrigt rätt duglig person,
blott därför att fadern ej hade pension!

Men länge behöves ej härom orera,
fast nog finns det tusen bevis, om ej flera,
att krigarn bör tryggas mot sorger och nöd
och icke på gamla dar tigga sitt bröd.

Och därför när "tallriken" kommer till Eder,
låt händerna dyka i fickorna neder!
Om litet, det ta´s dock med acklamation,
ty allt blir till nytta för truppens pension.

Skillingtryck

Visor i skillingtryck är kända ända sedan 1500-talet och mer än
25.000 olika texter har dokumenterats! Skillingtrycken såldes av
knallar och gårdsmusi-kanter som vandrade kring på landsbygden,
på marknader och i städerna under många år.

Skillingtrycken kunde innehålla texter av de mest skilda slag:
beväringsvisor, kärleksvisor, emigrantvisor och visor om sensationer
och mörka öden. Det fanns inga tryckta noter, men ofta stod en
melodihänvisning till en visa som alla kände till. Annars fick man
själv försöka komma på en passande melodi till texten!

En sorglustig visa

Om Fans jemmerliga uppträdande hos en enka i Wärö i Halland.

Nu åter en visa hur Beelzebub spökat
i Wärö i Halland, där han gått och stökat
sen han ifrån Ljusta och Fagerhult kom,
dit säkert han aldrig får lust vända om.

I Wärö, där finnes en torvbetäckt koja,
där förr liten flicka på golvet hörs stoja;
men flickan har vuxit, och nu är hon stor,
och hemma hos mamma i kojan hon bor.

Minst sextio år på sin nacke har mamma,
men dottern är jungfru och blir aldrig amma,
hon är, som det sägs, på sitt nittonde år,
har yppig gestalt och kastanjebrunt hår.

Hon är allaredan nu eld blott och lågor
och fylliga barmen, den går, som i vågor,
som svälla för sommarens smekande vind,
och friska stå rosorna på hennes kind.

I henne så lätt kan man bliva betagen,
ty gracen och löjet och ljuva behagen
hon äger. Fast icke hon blivit mamsell,
hon vore för konstnär'n en härlig modell.

Hon suttit i stugan och sytt och försakat,
och frukter, förbjudna, hon aldrig har smakat;
hon, smäktande, för mina blickar sig ter
så ren, som den ängel i drömmen jag ser.

Hon sitter i kojan och sömmar i linne
och gumman i psalmboken läser därinne;
den gamla är änka, hon glasögon bär
och ser allting större än annars det är.

Men nu skall berättas om självaste saken;
en natt när som änkan på sängen låg vaken,
en sate sig ställde invid hennes bädd,
och det är naturligt att gumman blev rädd.

Han likna´ en *karl*, den där otäcke anden;
"Måhända att hit, från odödliga stranden,
min make har vänt för att skänka mig tröst"
så talade änkan med skälvande röst.

Ifrån hennes panna sågs kallsvetten lacka,
nå´t pocker i väggen begynte att knacka,
och tydligt hon skådade fulingens drag,
men fann uti honom ej minsta behag.

Det var ingen make från stjärnornas rike,
nej, det var en fuling förutan all like,
ty mager förfärligt, det var han, bevars!
och längre kanhända än *Liss Olof Lars.*

Hans magerhet kan man ju ändock förklara
ty vart han än kommer och vart han vill fara
man ger inte djävuln en enda bit bröd,
och husvill han irrar och lider all nöd.

I Ljusta där vräkte man honom på gatan,
i Fagerhult bönderna körde bort satan,
i Ysane endast han vunnit favör,
emedan han luggat en from kolportör.

Hans ben, säger gumman, de voro så långa
men det bör ej heller förundra så många,
då han med en hiskelig fart, som vi sport,
kan lägga iväg ifrån ort och till ort.

Och aldrig med snälltåg man hört honom ila,
ej ens på en "rapphöna"*) har han fått vila,
men jämt skall han traska och gå som en träl,
såvitt han skall lyckas att fånga en själ.

På änkan han blängde, men ömt sågs han blicka
uppå hennes sköna och slumrande flicka -
Han knackade åter, vred stugdörrens lås;
han ville ha gumman ur vägen förstås.

Ja, han ville bortjaga modern från tjället,
men lägga embargo på dottern i stället;
det var nu, som alla begripa, hans plan,
ty man skall besinna: Han är full i *fan*.

Han mån är om själar, det bör man betänka,
men, tager vår Herre i döden en *änka*,
så nöjd mellan hornen dock pocker mig klår
om dottern till änkan, en *jungfru*, han får.

Menschenschreck
Malmö Handels- och Sjöfartstidning 1873-08-16

* "Rapphöna" är en vanlig benämning på de kärror, som vid våra
gästgifvargårdar, synnerligast i Norrland, bestås den resande.

Bells telefon

Go´ vänner, för eder mig lyster att sjunga
en visa, och lyssnen båd´ gamla och unga.
Den visan är ny ifrån topp och till tån
och handlar och rör sig om Bells telefon.

Först vill jag för eder, go´ vänner, berätta
hur lätt man en sån telefon kan inrätta.
Först borrar man hål uti väggen i vrån,
där man vill placera sin Bells telefon.

Sen tar man en järntråd så lång man vill ha´ n
och träder den ut över husen i stan.
En blecklur man fäster i änden uppå´n,
så har man ju genast en Bells telefon.

Sen hör man ju sången och dito musiken
långt bättre än själva teaterpubliken.
Och när man förnimmer applådernas dån,
man ropar "da capo" i Bells telefon.

Än hör ni förlovades kyssar och kutter,
hur pigorna stundom får bannor av mutter,
hur mästar´n tar lärpojken in för att klå´n
allt kan man få höra i Bells telefon.

Men ej nog med att man hör sång och musiken
långt bättre än själva teaterpubliken
nej, allt vad som tilldrar sig bakom ridån
man även kan höra i Bells telefon.

1876 fick Graham Bell patent på sin telefon efter en hård kamp med
andra patentsökare. Sverige var genom H.T Cedergren och L.M Ericsson
snabbt igång med både utveckling och tillverkning av telefoner. Redan
1885 fanns det bara i Stockholm mer än 5000 apparater.

Den lilla maskinen

En dråpelig visa mig lyster att tralla,
och öppnen därför edra öron nu alla,
samt dömen därpå om den icke är fin -
båd´ visan och ämnet, den lilla maskin.

Se händelsen var, att helt nyss härom dagen
en "schnneider" så båld utav John Blund blev tagen
och sov lika tungt som hn tagit morfin
samt glömde sin värld - hoc est: lilla maskin.

Men medan han oskyldigt sov på sitt öra
två spefåglar väg till hans boning ses föra,
där de levde om utav självaste hin
och "fingrade" även på lilla maskin.

När ägar´n nu vaknar ur sömnen den söta
urståndsatt han är med maskinen att "stöta"
och "stött uti kanten", med förgrymmad min
beslöt han att hämnas sin lilla maskin.

Och vredgad han svär vid maskin och dess låda,
de dyrt skola plikta, de spefåglar båda;
ty vägen till rättvisans sal är så gin,
där kan man värdera hans lilla maskin.

"The fåglar" snart möta den viktiga dagen,
då de skola "klippas" med tillhjälp av lagen;
men höjd utav otur, det blev blott ett grin
såväl över "schneider" som ock hans maskin.

Förgäves han kallar upp vittnena flera,
för saken han kan dem ej elektricera,
och det är ej undligt, ty uti sitt skrin
så låg ju oduglig hans lilla maskin.

Då svämmade över hans "vredenes skålar"
så dyrt han nu svär vid båd' pressjärn och nålar,
till näsbränna giva, och det utav hin,
till den, som törs orda blott om hans maskin.

Och denna här visan, som nu är till ända,
och vilken kanhända till nytta skall ända,
är skriven av en, vars namn slutar på -**in**
och som fått "en stöt" av den lilla maskin.

Faluposten 1876-05-27

ELEKTRICITET

År 1878 installerades båglampor i Blanch's Café vid Kungsträdgården.
Det var den första inomhusbelysningen med elektricitet i staden. Kaféet
annonserade "I afton: Elektrisk Belysning" och entrén kostade en krona.
Redan året efter, i december 1879, visar Edison upp sin glödlampa.

Den dag som nu är, Katarina vi skriva
vars namn vårt betraktelseämne skall bliva
Visst Karin och Kajsa det heter också:
men finare tycks Katarina ändå.

I urminnes tid liten Karin vi hade,
men konungen henne i spiktunnan lade
blott därför att icke hon vill bli hans
Säg, tror ni en Karin som hon bland oss fanns?

Bland drottningar Sverige haft Annor, Kristinor,
Sofior, Ulrikor, men fler Katarinor
ty Gustaf den förste han hade ju två
och Erik och Johan haft var sin också.

Av dem må bli nämnd Katarina Månsdotter
som provbild av jordlivets växlande lotter.
Från Medelpad var hon, men kom på en tron;
här finns kanske flera som sluta som hon?

En Kajsa jag också till minnes mig drager,
I anen nog vem, om jag säger: man tager,
och om jag nu ock ropar högt Kajsa Warg!
Jag hoppas att dock ingen "matmor" blir arg.

En Kajsa ock sjömän åkalla på havet,
när skeppet begynner sig sakta i travet.
"Blås Kajsa!" de skriker med fullaste hals,
tills vindguden yrvaken frågar: "Va´ falls?"

För olärde lekmän jag nu vill förkunna
att en Katarina var helgon och nunna
i Vadstena kloster och dog, som jag sett,
ettusentrehundradeåttioett.

Bland oss finnas än Katarinor i massa
men helgonatiteln för dem lär ej passa.
Och det är så gott det; vi tycka som så:
Det finnas ju "änglar" ibland dem ändå.

Medelpads Allehanda 25 november 1876

KATARINA

Katarina av Alexandria, född cirka 282, död cirka 305, var en
egyptisk jungfru som led martyrdöden. Hon vördas som helgon
inom Romersk-katolska kyrkan och Ortodoxa kyrkan. Hennes
minnesdag firas den 25 november.

Enligt legenden var hon en 18-årig jungfru av kunglig börd
samt av ovanlig skönhet och vishet, som vid en disputation,
anordnad på befallning av kejsar Maximianus, till kristendomen
omvände femtio filosofer, som för sin nya tro led martyrdöden.
Hon kastades i fängelse för sin tro. Genom ett underverk
räddades hon från döden med stegel och hjul, men blev ändå
halshuggen på kejsarens befallning.

Töar det på Katarinadagen blir det kallt på Andersdagen
Om det blåser och stormar blir det fint väder till jul
Om det snöar eller är kallt blir det bra gröda till sommaren
Hösten övergår i vinter på Katarinadagen.

Till varning för gamla och varning för unga
om Hjert och om Tektor mig lyster att sjunga
för alla som nu vilja höra uppå
historien om dessa missdådare två.

Som stallbröder följde de ständigt varandra,
men på dygdens vägar de vill ej vandra
De bröto, dess värre, mot alla Guds bud
och fruktade icke en hämnande Gud.

De stulo i kyrkor, palats och i kojor
och grepos och slogos i band och i bojor.
Omsider begingo de blodiga dåd,
och sedan de bådo förgäves om nåd.

De törstade efter blodspenningar bara
och lade för människor ut mången snara.
Berusande sig på den närmaste krog,
de drogo att mörda i kolsvarta skog.

Så vana att lagar och rättvisa håna
de gingo att posten på landsvägen råna
och där for herr Upmark med körsvennen fram
då plötsligt två mördande skott han förnam.

De bovarna båda gevären ha riktat
och så mot de resande kallblodigt siktat
och där lågo offren med blödande sår,
till dess att de lades som lik uppå bår.

Och efter de grymma och gräsliga morden
missdådarna funno ej frid här på jorden.
De irrade kring ifrån morgon till kväll,
till dess att de grepos och sattes i cell.

Nu dömde dem lagen att uppå schavotten
med livet försona de gräsliga brotten;
ty så står det skrivet ännu i vår lag -
till döden de fördes på Sankt Eriks dag.

Så modig Hjert sågs fram till stupstocken ila,
där huvudet föll för skarprättarens bila.
Men Tektor han gick med en vacklande gång -
för honom var vägen den sista så lång.

Och folket, som kommit, det såg och det ryste,
när bödlarnas bilor i majsolen lyste.
Ja, vid denna hemska och fasliga syn
Där dånade mången som fallen från skyn.

Ifrån den församlade människoflocken
framrusade kvinnor och män till stupstocken,
att hämta och dricka de halshuggnas blod,
som flutit i strömmar och bildat en flod.

Så hava de slutat de brottslingar båda,
som världsliga makten ej ville benåda,
men vilje vi hoppas att, trots deras dåd,
hos konungars konung de nu funnit nåd.

Sjöberg

Natten mellan den 31 augusti och 1 september 1874 planerade Gustaf Adolf Hjert och Konrad Tector att råna postdiligensen som gick mellan Eskilstuna och Sparreholm. Mörkret gjorde dock att de tog fel på diligens och i stället mördade de civilingenjör Herman Upmark och hans kusk Johan August Larsson.

Hjert och Tector greps och dömdes till döden i september 1875. De avrättades den 18 maj 1876. Det blev de sista offentliga avrättningarna i Sverige.

En ny visa.

Tryckt i år

Jag klarar min strupe och sjunger en visa
men vågar ej hoppas, ni sången skall prisa.
Om blott ni vill lyssna, så blir jag helt glad,
ty visan den handlar om Östhammar stad.

I våras i Stockholm jag började svettas,
ty där blir så kvalmigt, när luften upphettas.
Jag spörjde min läkare, vet ni, vad han sad´:
"Far genast och bada i Östhammar stad".

Jag tänkte på saken, tog rådet ad notam;
mig gjorde i ordning, min kappsäck jag drog fram,
och dagen därefter jag reste så glad
med ångbåt direkte till Östhammar stad.

Långt in i en vik ligger staden så trevligt,
idylliskt och fridfullt här är obeskrivligt.
Omgivna av träd ligga husen i rad,
och luften så frisk är i Östhammar stad.

Och människor bo här, jag tror visst sju hundra,
en del driver jordbruk, en del fiskar flundra,
en del sälja piller, men fler´ sälja snus,
och brännvin får köpas i glas och i krus.

Behöver man papper och böcker med mera
samt pennor och bläck, allt kan Lindberg prestera.
Och vill man se´n läsa ett frisinnat blad,
så utkommer detta i Östhammar stad.

Orkester här finnes som blåser i hornet
vid torget ett rådhus med klocka i tornet,
och kyrka och skola, ja gud vete vad
man inte består sig i Östhammar stad.

Ja, badhus här finnes för friska och sjuka,
med gyttja och salt göres lederna mjuka.
Och domnar din fot, bliv ej ledsen för det,
du får utav doktorn elektricitet.

Ett råd för er alla, som kännen er klena,
med bleksot och blodbrist och svaghet i bena:
Kom njut utav sjöluft och solsken och bad,
just så som man gör det i Östhammar stad.

Gösta Badgäst
Roslagsbladet 31 juli 1876

Östhammar. Badanstalten sedd från Kallbadhuset

Vatten! Vatten!

En sak som vi alla behöva är vatten,
om dagarna mest, men ock stundom om natten.
Att sjunga om vatten i sinnet jag har,
så framt jag det ej *över huvudet* tar.

Kanhända, god´ vänner! att åt mig I skratten
Jag påstår ändock, att jag dricker blott vatten
fast, kryddat, det kallas för vin någon gång
och öl understundom och stundom buljong.

Ponera, att jorden ej alls hade vatten!
Säg vartill vi då skulle använda tratten?
Vi skulle då alla bestämt torka in
vi krympte ihop blott till ben och till skinn.

Vad skulle vi göra med stolta fregatten,
så framt ej i havet fanns fullt upp med vatten?
Hur skulle små fröknarna få var sin man,
om badorter tröta? Säg det, den som kan!

En enda olägenhet ha vi av vatten
ty hundar och katter oss göra de spratten
att tvärt på allt *vått* så förargade bli,
att allt som är *torrt* de ska bita uti.

Hur är det väl möjligt att baraste vatten
kan bli så förhatligt? Ja, det vete - katten.
Kanhända likväl att de få denna skräck,
så snart deras ungar bli dränkta i säck.

Vår måne är öde av brist uppå vatten,
och "gubben i månen" han lider av spatten;
det skulle, minsann, bliva liv på var bit,
om blott *vattenledning* vi kunde få dit.

Sist, mina åhörare! glasen nu fatten
dem fyllen till randen med gnistrande vatten
och låtom oss dricka för vattnet en skål!
Skam den, som att dricka i botten ej tål!

Medelpads Allehanda 16 juni 1877

Ångslupar utgöra under större delen af året de vigtigaste
befordringsmedlen i Stockholm. *Illustreradt Sverige 1875*

Staden och Norr: Riddarhusgränd - Rödbotorget (2 öre)

Norr- och Södermalm: Rödbotorget - Munkbron (4 öre)
                            Mälartorget - Ragvaldsbro (8 öre)

Staden - Ladugårdslandet: Gustaf III:s staty - Grefbron (6 öre)

Till Djurgården: Från Strömparterren, Karl XII:s torg (10 öre)
                            Från Skeppsholmen - Allmänna gränd (3 öre)

41

"Sport"

visa för dagen

En ynkelig visa jag nu ämnar sjunga,
som säkert skall röra båd gamla och unga:
Om djurplågeriet vid Parlte station,
som tillställs av snobbar utav goda ton.

Kom med nu gott folk ska´ vi titta och kika,
och säg mig så sedan om Ni kan begripa:
Vad nytta det är med tränering och sport
som uppå ren svenska kan kallas för lort.

Nej, herre min je, vilken människoskara,
och herrar och damer så fina och rara
och se vilka hästar, och ryttarna se´n
sorglustiga species av skinn och av ben.

Nu börjas spektaklet: Skinkmärrarna sträcka
i fyrsprång framåt, å de kunna sig fläcka,
och ryttaren skumpar, han gör en figur
precis som en apa uti en trång bur.

Aj, aj, se där trillade en utav hästen!
De andra de fortsätta liksom om pesten
förföljde dem tätt uti hack och i häl,
men priset det gäller, det märken I väl.

Hör nu hur det hurras, vad vållar väl skrålet?
Lord Plumpuddings Syphilise hann först till målet.
En ära som gäldes med guld till hans nåd.
För kraken som plågades till ett slikt dåd.

På nytt börjas ritten och prisen de tagas -
de slagne ser ut, som vid näsan de dragas,
men ett är gemensamt: De tycka sig gjort
för hästaveln uti vårt land något stort.

Nå, medg´en I nu I som inte är fina,
om man inte kan både skratta och grina
åt kapplöpningskrakar och djurplågeri
och fin fina snobbar och hästskojeri.

Orbis pictus
Alingsås Weckoblad 1877-05-19

GALOPP

De första kända kapplöpningarna anordnades i Sverige
1814. De ägde rum på Heden i Göteborg och arran-
gerades för att fira kungens och kronprinsparets besök
i Göteborg. Här tävlade engelska ryttare mot svenska.
10.000 åskådare mötte upp. Arrangemanget hade en-
gångskaraktär.

Under 1860- och 70-talet anordnade Allmänna Svenska
Kapplöpningssällskapet tävlingar bl.a. i Göteborg 1868,
1869, 1872 och 1874, och därefter, 1875-79, på den då
nya banan i Partille på galoppbanan Partilled. Det var
dock först på 1890-talet galopplöpningar tog en mer
regelbunden form.

Ni-visa

Vår tid är ej längre så aristokratisk,
den bliver i stället allt mer demokratisk,
beviset härpå må vi finna däri,
att människor kalla varandra för Ni.

Vi själva också äro just av den mening,
att alla må bilda en stor Ni-förening.
När själva vi bruka oss nämna för vi,
det rimmar sig bra för att kalla Er Ni.

Herr husgerådskammarehofintendenten!
Herr jernvägstrafikdirektörsassistenten!
Hur ledigt ett samtal med er skulle bli,
om vi finge kalla er bara för Ni.

Ja, nog tyckes detta förslag vara praktiskt,
att många sig stöta därpå är dock faktiskt;
en dalkarl han ginge oss vredgad förbi,
tilltalad, i stället för du med ett Ni.

Vi dock för vår läsekrets oss presentera
och våga en Ni-skål envar proponera
i vatten, i vin, vad som helst! Slå blott i!
Nå topp! Det är avgjort då? Tack, kära Ni!

Nya Wexjöbladet 1878-08-08

1865 bestämde finansministern Johan August Gripenstedt
att titlarna skulle läggas bort på hans departement. Mot slutet
av 1800-talet gjordes flera försök att lindra svenskarnas
titelsjuka. Ni-reformen lyckades dock inte så bra eftersom
överordnade tilltalade underordnade med *Ni*, medan
underordnade fortsatte att använda titel.

Hårklyfverier

I ljuvliga toner jag sjunger en visa,
ty jag vill den Bismarckska hårfrisörn prisa;
Vårt väl och vårt ve uppå honom beror,
ja, kanske en smula för mer än man tror.

Ack, hur mången gång har den "klippske" filuren
friserat sin herre och snyggat upp "turen".
och likaväl står Europa ändå
och tittar så lugnt och flegmatiskt därpå.

Så knäfall, o värld, för perukmakarkaxen,
han kan ju avhugga ditt öde med saxen!
Ett felklipp, ett enda, så vore det slut
med kronor och riken förutan allt prut.

Ty uppå tre hårstrån, ej färre, ej flera
vår världsdels intressen tycks jämt balansera
och om utav dessa ett enda avklipps,
går hela balansen åt Helsingland vipps!

Därför har jag ägnat frisören min svada:
Jag hoppas han knusslar ej uppå pomada,
att ej något hårstrå av vanmakt utdör!
Gud signe och skydde herr Bismarcks frisör!

Walfrid
Tidning för alla 1880-02-17

Otto von Bismarck (1815-1898) var Preussens
ministerpresident 1862–1890 och Tysklands riks-
kansler 1871–1890. Han förde Preussen och Tysk-
land till en ledande ställning i Europa och hade
den ledande rollen i Tysklands enande 1871.

Positiv-visa

Min sång rör en köping ibland de moderna,
med badhus och park och mång´ tjusande tärna
där herrarna leva ett "levande" liv;
Men - tyst får du socker, min vän positiv.

Den köpingen fått sig ett namn som kan lysa
och blir väl det enda så länge; ty hysa
förhoppning om bättre, är blott tidsfördriv,
om aldrig så mycket jag drar positiv.

Dock finns trenne stjärnor för irrande tanken -
tre lyktor, hos doktorn, hos Jonsson och Banken.
Den som vill ha flera, det rådet då giv
hos alla de andra att dra - positiv.

Så finns där en sak som gör resande flata.
Jag menar vår "vackra" och "rena" Kungsgata,
den blir aldrig stensatt: men hör! genomdriv
den saken, så spelar jag fritt positiv.

Bland oväsen många i köpingen finnas,
ett brandväsen stiftats, om riktigt vi minnas.
Nu fattas blott eldsvåda - ack, vilket liv!
Men den får ej bli uti mitt positiv.

Polisen är kommen! man skrek härom dagen
och karl´n är siratlig och kan ta i kragen
hvar bondkratta, som han är aldrig så "stif"
och synd om en var, då han "drar" positiv.

I år kom ej sillen i banor så långa,
dess längre står näsorna, också rätt många.
Här blev ej som fjolårs ett faseligt kiv;
ty fångsten fått rum uti mitt positiv.

Snart kommer de sjuka från öster och väster,
då hugger en var sig ett halvtjog badgäster
och prövar dess seghet med gaffel och kniv
samt spelar för dem varje dag - positiv.

Ja, "hett skiner sol'n" snart på köpingen ner
och Bohuslänsbanken ej stryper nå'n mer;
ty snart kan en stackare få kreditiv,
om bara han spelar helt morskt - positiv.

Nu får jag väl sluta och "hustru Susanna",
ty herrskapet ger oss väl lite på "tanna",
och så till oss fattiga slantar och giv
för det vi har vevat för er positiv.

E...e.
Bohuslänningen 1879-07-01

POSITIVHALARE

Vevpositivet var det traditionella instrumentet för positivhalare. Oftast användes små och relativt lätta instrument som vägde mellan 10-20 kg, men då inskränktes också melodiantalet till cirka 7-9, som kunde vevas om och om igen. Större positiv med fler melodier kunde väga runt 40 kilo. Då användes ett stativ och positivhalaren själv blev förstås mer stationär.

Positivhalare på gård. (detalj) 1906
Konstnär: Röding, Per Fredrik
Inventarienummer:
SSM 503091 0
Stadsmuseet i Stockholm

47

Vi intelligenser till urnorna gingo
och majoritet vi, som vanligt, där fingo.
Ja, vi hava segrat, om ock ej med glans,
och därför vi tråda en trirolig dans.

Vid Munkbro- och Karduansmakargatan
man jublar och skrattar, ja, skrattar som skatan.
och vi hava skäl att oss fröjda också -
tills vidare icke "för fort" det skall gå.

Så hava vi slagit en mängd rabulister,
som äro så arga, som de nihilister.
Det spöket, det röda, vi motat i grind -
tills vidare hava i seglen vi vind.

Vi hoppa och hoppas, det bör man oss unna
tills dess att vi hoppa i rasande tunna.
Men lyckligt det var dock det senaste val -
Ja väl, kommendör, hip hurra, general!

Nu som Kankalura si stå här och stampa,
i spåren, de nötta där vilja vi trampa;
Ja väl, bäste "grefve", ja väl hr "baron"
tills att vi krevera som Zandahls kanon.

Fäderneslandet 1881-09-28

Rösträtt till andra kammaren hade män som var över 21 år med
en inkomst på minst 800 kronor per år eller ägde en fastighet
taxerad till minst 1 000 kronor, eller arrenderade en fastighet
taxerad till minst 6 000 kronor. För att vara valbar skulle man
ha fyllt 25 år och bo i valkretsen. Kvinnor saknade rösträtt. Av
folkmängden den 31 december 1880, 4 565 668, hade 281 163
(6,3 %) rösträtt.

En sorgelig visa
Om hustrun som bet näsan av sin man

En ynkelig visa jag börjar att sjunga,
ja, lyssna nu till den båd´ gamla och unga:
Den handlar om skomakarmästarn herr Kort
som fått sig en hustru av argaste sort.

Herr skomakarn läste en dag uti bladen
annonser så långa om opramaskraden;
Han tänkte: I afton på "maskis" jag går,
om också Agatha sig gallfeber får.

En dominodräkt hos fru Hellman han hyrde,
en lösnäsa köpte och sedan ha styrde
till nya teatern att roa sig fritt
då nu från allt gräl och allt bråk han var kvitt.

Och här var en fröjd ibland masker så sköna
ja, aldrig i livet skomakarn fått röna
vad nöje maskraderna dock kunna ge
och Agatha han glömde så lätt ett-tu-tre.

Skomakarn blev yr hur han svängde och skolka
så valsade han då man spelade polka
och när som de andra små valsstegen tog,
han dansade polka så att det förslog.

Och törstig han blev utav hettan och dansen
men fastän han drack han ej mistade sansen
men benen de blevo så mjuka till sist
att knäsvag han kunde benämnas helt visst.

Maskraden var slutad; - och livad och glader
nu vankar han hemåt. Men mildaste fader!
I dörren Agatha där ståndar på lur
och öser ut ovett en hiskelig skur.

Skomakarns humör var dock friskt utav ruset
och modigt han nalkades hustrun med ljuset
Och sade: "Agatha, jag är dock din man,
säg är jag det icke, du kvinnotyrann?"

"Du ömkliga pyssling, du trasiga fula,
som plägar om nätterna vifta och drula,
åt dig skall jag visa vem riktigt det är,
som skickets och ordningens styresman är."

Så sade Agatha, och toffeln hon svängde
kring skomakarns öron, som slutligen hängde
likt hackade biffar, ty gumman hon var
så rask och så tapper just som en husar.

Skomakarn var argsint - det blev han ej gärna,
och hade ej vågat, men aftonens "stjärna"
i sådant humör nu försatte vår man
att gumman sin herre och mästare fann.

I toffeln han tog för att hejda sin sköna
i "ömhetsbevisen" han nogsamt fått röna
och just då han höll henne fjättrad hon fann
på oråd att bita i näsan sin man.

Skomakarn han dånar - vad kunde han mera? -
och hustrun begynte sig nästan genera
allt över att äga en näsalös man
och därför till läkarn så skyndsamt hon sprang.

Och läkaren kommer. Han ser invaliden,
som stupat i blodiga äktenskapsstriden.
Han känner på näsan - den avbiten är!
"Det hugget är svårt; här blir mycket besvär."

Så säger herr doktorn. Men plötsligt han finner
att alls intet blod ifrån nästippen rinner,
och då med hans forskning än vidare gått
han finner - en avbiten lösnäsa blott.

Skomakarn ur dåndimpen äntligen vaknar
och finner att intet, alls intet han saknar
ifrån sin så lilla och dyrbara nos,
och gladlynt han klappar sin "taggiga ros".

MYNT

Enligt den nya myntlagen af den 30 maj 1873 är räkne-
enheten en krona, i värde lika med den forna Riks-
gäldsriksdalern, senare kallad Riksdaler Riksmynt, och
innehållande 100 öre.

Enligt nyssnämnda lag är Sveriges myntsystem nu
grundadt på guld, hvaraf utgifvas 10 kronor (=10rdr)
och 20 kronor (=20rdr), samt skiljemynt i silfver à 2
kronor, 1 krona, 50 öre, 25 öre och 10 öre och i brons
5, 2 och 1 öre.

I fruntimmersveckan

I fruntimmersveckan vi nu äro inne
till glädje för vårt kaffeälskande sinne.
Jag nu vid min kaffekopp sjunger en stump
och fuktar min strupe med påtår av sump.

Jag hoppas att alla de älskvärda sköna
dem här jag besjunger mig rikligt belöna
att ingen må klaga det partisk jag var.
Jag lika vill dela en vers åt dem var.

Och orsaken varför jag först nämner Sara
det är ju vår almanacks nyckfullhet bara.
Vi veta att Sara är Abrahams fru;
var gumma likt Sara må blomstra ännu.

Därnäst uti ordningen är Margareta
det namnet betyder en pärla må veta
och om hon är ökta så må vi envar
bekrydda vår sump med en pärla så klar!

En påve var kvinna och hette Johanna
vi än för dess namne tillbedjande stanna
och lyda ännu hennes bud alla dar,
blott icke hon tycker sig jämt ofelbar.

Det kan man då ej förebrå Magdalena
men den som är syndfri må först henne stena
så mycket jag vet att det icke blir jag.
Om bättre ni är första stenen då tag.

Det tycks att man borde få lugn hos en Emma
likväl har hon satt månget hjärta i klämma.
Den mjukaste "emman" är dock hennes famn
om någon är lycklig att där finna hamn.

En härskande drottning har hetat Kristina
men mången regerar som blott kallas Stina
och hjärtan behärskar hon så absolut
som trots någon drottning sitt rike förut.

Därnäst ibland fruntimren Jacobus vi äga
Men det är ju karlnamn så hör jag er säga.
Jag svara ja väl men det händer ändå
att mången Jacobus är kärring också.

Den sista men icke den sämsta är Marta
hon sist oss förplägar med kaffet det svarta
Bekymmer hon har mångahanda var stund
nu även med maten hon tystar min mund.

Nya Eskilstuna Allehanda 25 juli 1883

FRUNTIMMERSVECKAN

18 juli   Fredrik, Fritz
19 juli   Sara
20 juli   Margareta, Greta
21 juli   Johanna
22 juli   Magdalena, Madeleine
23 juli   Emma, Emmy
24 juli   Kristina, Kerstin
(25 juli   Jakob)

Den näst sista veckan i juli kallas traditionellt för
Fruntimmersveckan. Veckan inleds visserligen med
Fredrik, men sedan kommer kvinnonamnen i rad. Den
här veckan anses sedan gammalt vara särskilt regnig -
"fruntimren håller inte tätt". 1883 menade i alla fall
Nya Eskilstuna Allehanda att veckan inleddes med Sara
och avslutades med Jakob.

Vi smaka på alla de drycker och rätter,
man här uppå bördet för härskaren sätter;
ty czaren ej önskar att få sig ett mål,
som högstegna magen kanhända ej tål.

Champagnen vi dricka som riktiga kalvar;
men vi måste smaka med känsla och allvar.
Ja, vi måste lova (det är ingen "drift"),
att kejsaren icke vid taffeln får gift.

För döden i grytan vår härskare fruktar.
På biffen och löken så noga man luktar
och sedan det värvet vi fullgjort med flit,
tar kejsarn på gaffeln av biffen en bit.

Så snart vi ej grina och spotta i glaset,
får czaren aptit, som är god, för kalaset.
Då darrar ej mera hans nådiga hand -
han, sedan vi klunkat, en tår tar på tand.

Vi fråssa så gärna av gnistrande viner.
Det är dock, som vore vi bara kaniner,
på vilka man gör sina djärva försök
och prövar, om gift finns i härskarens kök.

Med oss man i nåder experimenterar;
men om någon mästerkock slutligt serverar
för kejsarens räkning en giftig portion,
vi genast krevera, som Zandahls kanon.

Fäderneslandet 1880-03-27

Helsning till Good Templarne.

Min aktning jag skänker åt allvarlig strävan.
Men överdrifter, de inge mig bävan
och "Good Templars", som var och en nu väl kan se
snart bringa oss att dem hjärtligt bele.

Men humbug är lösen uti våra dagar
och dumt gör väl den som däröver klagar.
Ty om han blir lurad på stjärnor och band
det ej hjälper saken ett endaste grand.

Herr "Ädel", "Högtvärdig" och Värdig, det låter!
O, barnslighet stor! - värdigt skratt, men jag gråter,
ty tanken som blivit förfalskad var stor
och borde åt ett bättre barn blivit mor.

Med kaffe och the ni locka personer
och skriva "oskyldigt" uppå libationer,
om vilka är känt att till likadant mål
de föra, som om du på sprit varit snål.

Stor ära jag lämnar åt sång och musiken
och denna er strävan är fri från kritiken.
Släng ni edra grannlåter genast i vrån -
och skilj eder från ett så olämpligt lån.

Till slut vill jag lämna det vänliga rådet:
Då syftet är gott, ej hemlighet tål det,
framför uti dagen ert ärliga värv
och vi lägga alla med nöje var skärv.

Icke Good Templare
Laholms nya tidning 10 mars1883

Borgholms ruin

I det landet Gosen, kroppkakornas rike,
där finnes ett minne, som söker sin like,
där tronar på höjden, en byggnad så fin.
Vem har ej hört talas om Borgholms ruin.

Och dit kommer mången att sig rekreera,
jag säger ej varför där ej komma flera.
Man badar, man sörjer för välmågan sin
och kafferep ordnar i Borgholms ruin.

De komma från Ystad och från Haparanda,
med hustru och barn och "pilgliner" de landa.
Familjerna Petterquist och Trögelin,
de hava stämt möte i Borgholms ruin.

Men det gått en sägen om the Borgholmiter,
att kläderna rivas och håret man sliter,
att gamla och unga likt flitiga bin,
arbetade raskt, men till Borgholms ruin.

Ty enighet ej hört till deras förtjänster,
en del drog åt höger, en annan åt vänster.
Nog är det väl klart sådant barkar åt hin
och lätt kunde lända till Borgholms ruin.

Man kämpat ut strider båd´ långa och heta
och talrika även, må Gudarna veta.
Men en av dem väckt både löje och grin,
den om att till "Cuba" få Borgholms ruin.

Nu glunkas det likväl att fred månde bliva,
man tröttnat att strida, att gräla och kiva,
i endräkt man bygger en paviljong fin,
med tjusande utsikt åt Borgholms ruin.

Det hedrar er gubbar, hör bifallen skalla,
nu ropas det leve, ja leve ni alla.
Och drick nu försoning i gnistrande vin,
tag sedan en ringdans i Borgholms ruin.

Se upp till er stolthet, han ser ned på eder.
Han stått där i sekler, han står där med heder.
Du ädela ros och förgyllande skrin,
du östersjöpärla, du Borgholms ruin!

Polycarpus
Kalmar 1885-04-25

Borgholms ruin.

En afton jag gick i Allén här förleden
och då fick jag höra en sång ut på "Heden",
och visan den gick på en väbekant ton,
den samma precis som till Sandahls kanon.

Det var en beväring, just en bland de glade;
jag hörde vareviga ord som han sade,
och det, må ni tro, var båd´ rim och reson -
han sjöng om den nya bakladdningskanon.

"Nu har jag", så sjöng han, "fått mössa av kläde",
med skärm utav läder så tjock som ett bräde
och halsduk av nära nog den dimension,
som mynningen av en bakladdningskanon.

Av kommis är rocken och håller att sträckas
och byxorna kunna med svärdshugg ej spräckas -
men också behöves det duktiga don,
då skottet går loss i bakladdningskanon.

Och så har jag fått mig en sabel vid sidan,
som väger ett lispund tillsammans med skidan.
Och den jag begagnar förutan pardon,
om jag skjuter bom med bakladdningskanon´.

Och utav en löjtnant jag fått det beskedet,
att det är förbjudet att spotta i ledet,
och att det är endast marufflar och fän,
som bruka marschera med krokiga knän.

Jag lärt militärernas hälsning, den käcka,
jag lärt mig att två fingrar mot himmelen sträcka.
Jag tycker herr Hedlund däri borde se
ett slags uppåtsträvande vacker idé .

Och nog exercisen har sina förtjänster,
den lärt oss att skilja på höger och vänster -
just vad vi behöver att inpluggat få
till dess vi på rätt trottoar lärt oss gå.

Hej, lustig är leken, när trumvirveln viner,
och löjtnanten ropar: Ställ opp er, kaniner!
Här ska ni få pröva en bättre motion,
än att svarva strutar hos hökar'n i bo'n.

Och tåligt vi draga kanonen på Heden,
med ordning i rotar och rättning i leden.
Och översten tycker som mänskorna mest,
att vi exercera precis som en häst.

Gösta
Söndagen 1885-06-07

INDELNINGSVERKET

Under 1800-talet grundades Sveriges försvar på Indelningsverket
som skapats av Karl XI 1682. Flera gårdar gick samman och bildade
rusthåll och rotar som ansvarade för en ryttare, soldat eller båtsman.
Dessa avlönades och fick ett soldattorp med en liten täppa att odla.

Systemet betalades av bönderna som en slags naturaskatt. De slapp
också själva att bli inkallade som soldater. De indelta soldaterna
kallades till regelbundna övningar och manövrar. Sverige fick
genom indelningssystemet en mycket slagkraftig armé av väl-
tränade soldater.

År 1901 avskaffades indelningsverket och vi fick allmän värnplikt
i Sverige. Året efter inkallades cirka 30.000 män in i försvaret.
Grund-utbildningen var 150 dagar med tre repetitionsövningar och
omfattade män mellan 21-40 år.

Den förfärlige kyrkvaktaren

Mel: I gnistrande vinet din skål vill jag dricka...

Si portarna öppnas och klockorna ljuda
till gudstjänst de klangfullt och manande bjuda,
och skaror av folk lyda klockornas röst
och samlas i templet till andakt och tröst.

Och brusande orgeln av sången förstärkes,
högtidlighet i varje öga förmärkes.
Ja, själarna höjas till Gud uti bön
att få för sitt stretande himmelens lön.

Men omsider tystnade orgeln och sången
och prostfar, ziratlig i minen och gången,
till altaret kliver med avmätta steg
att åter bekänna sig syndig och feg.

Och när nu församlingen detta fått veta
för tusende gången, syns prästen sig leta
upp i predikstolen att dundra som fan
och mot ett "skandalblad", som utges i stan.

Då andakten börjat med högtryck sig öka,
en hundvalp kom in att en liggplats sig söka
för att ha bekvämt, medan studier han gör
att lära sin uppgift av det han nu hör.

Men kyrkvaktarn tyckte en hund ej behöva
att här sin naturgåva lära och pröva
ty själv han ju kunde agera en hund,
det hade han lärt sig mång´ andaktsfull stund.

Därför då han såg lilla hundkräket vila
helt nära en kvinna, han till henne ila´
och röt så till henne: "Kör ut eran hind,
lät si att ni lyder min order på stund."

Men kvinnan som icke sett syndarn bredvid sig
förskräcktes så häftigt och illa tog vid sig
Och svarade; "Herre, den där är ej min,
jag vet inte alls hur han kommit hit in."

Det svartaste brott tycktes kyrkstöten ana
och väg till försoning han kvinnan vill bana,
ty in i det heliga skulle hon gå
att kyrkstraff för kyrkstöt och kyrkvärdar få.

Ty hunden var född, det kan icke bestridas
men hur än hans tillkomst må vändas och vridas,
så bör ej en kvinna stå kyrkstraff därför,
ej heller av kyrkstötar tas i förhör.

O huru förfärligt att gå i en kyrka
att Gud enligt fastställd polislag få dyrka
och där bliva misstänkt för omöjligt brott.
Det är dock en dyster och ynkelig lott.

Adjö, goa körkvaktarn, nu skall jag sluta
och med min satir skall jag ock något pruta
och säga, att du bara arg var och dum
som ej kör ut hundar och håller dig stum.

Eisten Beli
Westmanlänningen 1886-12-11

*** Samlingens enda text med melodihänvisningen:
I gnistrande vinet din skål vill jag dricka...

Calle Wetterlind

En lustig visa om spektaklet vid Gråbergsgatan 1887.
Början och slut
af Petter P-n.

En ynkelig visa jag önskar att sjunga,
Kom lyssnen dertill både gamla och unga,
Den eger minsann både rim och reson
Fastän den besjunger en galen person.

I Majorna händelsen hafver passerat,
Som alla slags tidningar utbasunerat
I spalter så långa, att hälften vor' nog,
Ty läste man allt, af förtviflan man dog.

Men ingen i verlden lär kunna bestrida
Att händelsen eger sin komiska sida,
Som utan förbarmande gifves till pris
Åt skämtet den välkända stadens polis.

Den galne personen Carl Wetterlind heter,
Och hvad om hans förtid med visshet man vet är,
Att han varit konstig till lynnet och tyst,
Så knappt han på måna'r lät höra ett knyst.

Mer konstig än förr var han senaste tiden,
Man började undra om karl'n ej var vriden;
Men då man ej kunde bli klok deruppå,
Så lät man den sjuke i frihet än gå.

En morgon på vinden han gick och fundera',
Se'n börja' han trappan att barrikadera.
När värden förvånad skull' titta' der opp,
Skrek Wetterlind vildsint och hotande; »Stopp!»

»För Er är det klokast att vända tillbaka,
Ty eljest Ni får mina björnhagel smaka,
Dem jagar jag bums i hvarendaste kropp,
Som söker på trappan att hit klättra opp.»

Med laddad revolver han stod hela tiden,
Så nog sågs det tydligt att karlen var vriden,
Och bössa vid sidan han hade också,
Och henne han mellanåt pekade på.

Förskräckt blef nu värden och sprang till polisen;
Men Wetterlind satte sig lugnt ned vid spisen
Att koka potatis och steka en sill,
Ty när han fått rast, frukostera han vill.

Så kommo poliser att honom bespruta,
Men han kröp bak' spisen och började skjuta,
Och här han så tappert försvarade sig.
Som Carol den tolfte i brinnande krig.

Strålföraren fick strax ett skott midt i synen,
Som svedde mustascherna och ögonbrynen,
Kamraten tog slangen och spruta' ändå,
Men Wetterlind hittade han icke på.

När konstapeln tröttna' att stå der och spruta,
Upphörde ock galningen genast att skjuta,
Han rökte sin pipa, gick golfvet omkring
Och låtsade som om det händt ingenting.

Med rökning man ville den sjuke nu tukta,
Och snart hela gatan af svafvelrök lukta',
Men fönstret han öppnade skämtsamt och log,
När röken i näsan polismannen slog.

Nu började hopen till sinnet bli bister,
Man tänkte på Göteborgs artillerister,
De voro ju vana vid kulor, och krut,
Och dåren de skulle nog knipa till slut.

Nu stormar man huset och kulorna hvina
Och somliga rysa och somliga grina
Åt skaran, som trotsar vanvettingens hot
Och blindt rusar faran och döden emot.

Men leken blir allvar och jemmerrop höras,
Från platsen en sårad, en döende föras
Och skämtarne tystna. Man undrar blott på
Hur länge polisen skall rådlös här stå.

Till Hisingen sedan ett ilbud man sände
Som derifrån snart med en läkare vände,
Och när han på afstånd sett huset, då sa'n
Att karl'n var den galnaste men'skan i sta'n.

När detta han yttrat, han vände tillbaka
Och lemna' polisen att huset bevaka.
En konstgjord konstapel till slut sändes att
Försöka ta' galningen Wetterlind fatt.

Men när han af trägubben ej lät sig knipa,
Man ändan på saken ej kunde begripa,
Förr'n hungrig och trött han från vinden kröp ut
Och så tog den komiska händelsen slut.

I droska han fördes nu till hospitalet,
Det var ju naturligt, när allt var så galet;
Men läkaren sa', när han honom fått si,
Att Wetterlind var blott ett misskändt geni.

Nog kunde än mera om saken man skrifva,
Men visan för långtrådig då torde blifva, –
Dock innan jag slutar på sedvanligt vis,
Jag höjer ett: Lefve vår tappra polis!

Huset där Wetterlindsdramat utspelade sig 1887

Mitt herrskap, jag ber att få ge er en visa
vari jag fru Lundstedts affär tänker prisa,
sjung gärna i kör den - men ej som koral
nej glatt skall besjungas *Café National*!

En matsal där finns det med smårum så glada
och mat - så anrättad att ej den kan skada.
Ja om ni gå dit - gör ni det noch ein mal
ty stilig den är *Restaurang National*!

En frukostbit, billig, du gärna består dig
och middag charmant för en krona du får dig,
så ingen lär tveka jag tror i sitt val
att taga till stamhåll - *Café National*!

Och när man fått mat vem kan då låta bli´et
den frestande moccan uppå schwetzeriet
du kommer då in i en fornnordisk sal
en stuga i skånsk stil uti *National*!

Med väggarna riktigt i stugan man prålat
ty Vetterstrand har där ett bröllopståg målat
men Heben som trippar där näpen och smal
hon skorrar ej alls - fastän *skånsk national*!

Där kan du få toddar så innerligt goda
och femti slags punsch med båd´ whisky och soda;
därtill är lokalen så luftig och sval
att rök känns ej alls i- *Café National*!

Och efter teatern man vill sig förpläga
en finare tillflykt man icke kan äga
du får där bli kvar tills att tuppen han gal
blott det ges en vink till *Café National*!

Från *Herkulesbacke* entréen är den bästa
och denna begagnas också för det mesta
man slipper då genast en trappa fatal
och kommer direkt i *Café National*!

Beställningar per telefon kan man giva
och alltid jag tror man belåten skall bliva
ty där finnes våning för bröllop och bal
man får vad man önskar uti *National*!

Båd varor och priser ä´ högst moderata
och det är ett faktum att inte tills data.
Det finnes i Stockholm en källarlokal
så lämpad för *allt* som *Café National*!

Malle.

MALLES ANNONS-VISBOK

Visan om National är hämtad ur MALLES ANNONS-VISBOK som publicerades 1887 och kostade 15 öre. I den här lilla visboken finns det sånger om många olika närings-idkare i Stockholm, var och en får sin egen visa. Paulus Parfymeri på Fleminggatan 39 får reklam för sin butik med en text som MALLE skrivit till Vårvindar friska.

Östermalms restaurant på Storgatan 5 hedras med en text till melodin Orfeus i underjorden och Carl Sachs blomsterhandel får som sin melodi Blomman är min vän etc etc.

Julstöket

Och kors vilket stök både ute och inne,
och vilka bekymmer regere vart sinne;
Julaftonen stundar, ja snart är den här,
men, innan den kommer - tänk vilka besvär!

Ty först skall allt orent på tvätten och bykas,
så dragas och manglas och stärkas och strykas,
se´n julöl man brygger, fisk lägges i lut,
och baket begynner som aldrig ta´r slut.

Och in uti stian går kökspigan Stina
och lockar ut nasse, den feta och fina,
han lägges på sträckbänken, pinan gör´s kort
snart grissjälen kilar till Valhalla bort.

Men "corpus delicti" på jorden får stanna
till stora besvär för mång´ vördig matmamma,
ty nu skall man styra med korvar och palt,
och reda och ordning skall göras på allt.

När se´n man fått från sig bestyren i köket,
så börjar därinne det rysliga stöket;
vart rum skall ju skuras, ja varje en sak
skall putsas och fejas båd´ framme och bak.

Ja stackars var husmor vad hon nu får lida,
och stackars var husfar, hans plånbok får svida;
ett tröstens ord dock jag sänder er här:
Blott en gång om året det julhögtid är!"

"Kyro"
Östergötlands Veckoblad 23 december 1887

När folket tullas!

Om tullen en visa jag nu skulle sjunga,
just nu när tullfloden har börjat att gunga,
ty *nu* skall man "knipas" - och med en motion
"Man" tullar och knappar in *folkets* rantion.

En ny ministär vi nu nyligen fått -
fast därmed det gick dock tämligen smått -
och sedan "till striden" man genast slog ann´:
Att allt var så billigt - det gick ju ej an!

Motioner det "väcktes" från morgon till kväll,
och sedan i sängen - så lycklig och säll -
i drömmar man jublar och fröjdas så glatt,
se´n tull uppå brödet man äntligen satt.

Och *folk* och *regering* nu skola försonas -
men priset på *brö´et* det får icke skonas,
ty *då* skulle bagar´n ju svälta ihjäl
och av var *patron* - det ej finnes en själ!

Och i telefon man ej mer nu får skvallra -
ty tull man vill ha uppå orden som "dallra"!
På fröknar till sist man nog ock lägger tull
ty annars de pri(n)sas - med hår och med hull.

Med pratet ej längre jag törs hålla på;
se saken är den, att jag tull ock kan få -
och därför tror jag, att genast jag kilar
tills stormen den kommer med uddiga pilar.

Under 1880-talet stod *tullfrågan* i centrum för debatten. Frihandels-
vännerna hade starkast stöd i städerna medan landsbygdens folk
röstade för tullar. Det här blev en strid som varade i många år.

En visa för dagen

Så märkliga saker man har att berätta,
att tro därtill mera man knappast kan sätta;
när, liksom jag, man bor utom Borås,
är det ej lätt följa strömmen - gudnås!

Så säges, på mjölet vi nu ha fått tullar.
Allt värre det blir att få hop några bullar,
men arbetsförtjänsten på herrgåln blir stor
våra gubbar i riksda´n så trösta, jag tror.

Ej egna intressen i riksda´n får tala;
allt går efter säker och rättviser skala,
och Björcken vill införa splitter ny sed,
så att *egna* åsikter ej mera tagas med...

Det är då för märkligt, hur visligt de styra,
som föra vår talan vid riksdagen dyra;
det är en så innerligt ljuvelig fröjd
jag sitter här hemma så trygger och nöjd.

Och prinsen den rara, som tar sig en gumma,
som ej är prinsessa! Nu töser försumma
ej tiden, mens några prinsar finns kvar,
ty sådana vankas just ej alla da´r.

Och skräddar Palm nu ej längre får sjunga
rent ut - utan lära sig tand ha för tunga
och klippa till "socalister" i smyg
eljes blir Långholmen honom för dryg.

Ja, nog är det mera, som jag hört berättas,
men ej för prat får tiden bort sättas,
adjö nu, mitt herrskap, jag kommer väl ´gen
om ej ni har tröttnat för länge se´n! *Järnbäraland*
                                        1888-03-15

Vi murarhantlangerskor strejkat som männen
och nu ha vi segrat som även I kännen,
först avslogs vår bön om förhöjning men så
behagade man att tillmötes oss gå.

I början man trodde att vi voro svaga
men kvinnornas svaghet är endast en saga.
Beslutsamhet finns det och handling och mod
ja, det finns en kraft som är kärnfrisk och god.

Vi tillhöra arbetets torftiga kvinnor
men äro väl ej som de svarta slavinnor
Vi leva i "frihetens stamort" och där
man lön för sitt arbete rättvist begär.

Då vi bära dagarnas hetta och tunga
på torget vår mening vi fritt ut må sjunga.
En stubb är så god som en stövel minsann
och fanns ingen kvinna så fanns ingen man.

De kjortlar som visst icke äro av siden
de duga förvisso i dagliga striden
i dagliga kampen mot brist och mot nöd
i kampen för rättvisa, frihet och bröd.

Se, kinden är brunstekt, av solen jag bränd är
vi ha ej som fröknarne snövita händer
ack nej, men de duga för hantverket än -
kamrater - nu skola vi langa igen.

Den 5 juli 1888 strejkade murarhantlangerskorna på ett bygge på
Fleminggatan i Stockholm. Detta är den första strejken med kvinnliga
arbetare i Sverige. Deras arbetsdag var 12 timmar och lönen 14-16
öre i timmen. Strejken var framgångrik och lönen höjdes till 18 öre.

Liljeholmsbron

En ynkelig visa jag börjar att sjunga
om Liljeholmsbron, som på vågen syns gunga;
ett vågstycke är det att gå uppå den,
ack, våga dig därför ej dit, kära vän!

Den byggde för lång tid Hedvig Eleonora,
men dock uppå längden den syntes förlora -
dess varaktighet lär väl därför bli kort,
ty snart som en skamfläck den sköljes nog bort.

Fastän den nu sjunkit så djupt, den elända,
så har den som allting ändock ej en enda. -
Likt korven, den lyxen sig bron tycks bestå,
att gå uti land och det ändå med två.

Men går man helt lugnt på den rankiga brädan
och grubblar på minnenas ny och dess nedan,
då springer en stråle där fram, ett, tu,tre,
som också bland minnena "vill vara me´."

Men strunt dock i såd´na små bagateller,
där endast det foten, men livet det gäller,
nej, gå där i stället när sjön vräker hög.
Då plankor och vatten kring öronen flög.

Då är det just trevligt på bron att spatsera,
då mister man livet och hatten, med mera;
och lyckas man rädda, på slump, sin person,
så har man dock badat i sällskap med bron.

Jag kan konstatera ack, sörjen, ack sörjen!
Att så sig förhåller - och skickar till Jörgen -
så våt som en tupp nu en klagande ton
ett kukeliku just om Liljeholmsbron.

Figaro 1889-07-20
Björn Cederberg

Gamla Liljeholmsbron, flottbron mellan Liljeholmen och Södermalm
Foto:1915 Stockholms stadsmuseum Fa 12167

1888   Röda Stöfveln

Var skall jag beställa mig riktiga skodon?
Så att jag må slippa allt skräp uti "Boden!"
Ja, gå till skomakare K. Linderoth,
där får Ni arbetet båd´ starkt, väl och fort.

Så billiga priser Ni kan Er ej tänka,
för Aderton kronor Storstövlar som blänka,
från Nio till Fjorton Riksdaler Ni får
resårskor, som varar i Femtio år.

Halvsulning och klackning av man 2:50,
dito och dito af fruns 1:70
7 Observatoriegatan han bor
där hälsar han alla *välkommen* med skor.

Socialdemokraten 1888-12-15

73

Sundsvallsbranden har, skrifver Upsala, gifvit upphof till en "ny visa" till melodien "Sandahls kanon" som för 10 öre utbjudes öfverallt i Stockholm. Den heter "En rörande och sannfärdig visa om den fasansfulla branden i Sundsvall 1888, hvarvid 11,000 personer blefvo husvilla och många dödade." Visan är försedd med en plansch föreställande "Parti af Sundsvall före branden." I hastigheten har den spekulative förläggaren fått fatt i en vy af - Upsala (!) med slottet och domkyrkan. Men det är inte så noga. Ett par versprof må anföras:

"Se´n kung Gustaf Vasa den staden florerat
och alltjämt med heder framåt avancerat,
och folket i Sundsvall var gammalt och godt
om sedan det bodde i skjul eller slott.

Bland norrländska städer var Sundsvall en jätte.
Så randades juni, just den tjugusjätte
då olyckan kom i sin gräsliga prakt
då eldflammor syntes från trakt och till trakt.

P.S.
Just som denna visa i pressen vi lade
så kom telegrambud, som smärtsamt oss sade
att Umeå äfven har brunnit i grund -
må hoppet ej svika oss i denna stund.

Härnösandsposten

Sundsvallsbranden, 1888, är den största branden i Sveriges historia. Troligen var det en gnista från ångslupen Selånger som var orsaken. Den 25 juni 1888 var det varmt, torrt och blåsigt. En gnista från fartyget tros ha blåst upp på land och i den starka blåsten fick elden snabbt fart i torrt gräs och i stadens träbyggnader. Inom nio timmar låg Sundsvall i ruiner. Fem människor dog och 9000 blev hemlösa.

Samma dag brann också den lilla trästaden Umea. Här omkom ingen, men 2500 av stadens 3000 invånare förlorade sina hem.

Örboms munkorg

En ynkelig visa för er vill jag sjunga,
och lyssnen nu till den båd' gamla och unga
på gator och gränder, prom'nader och torg,
den handlar om Örboms befängda munkorg.

Om socialismen man lyckas tysta
arbetarna sedan ej mer ska knysta,
så säger vår nådige kung i sin borg
Straxt Örbom framlägger sin vackra munkorg.

Den munkorgen är så beskaffad att alla,
som ej ned vid tronen och altaret falla
men klandra all lögn, orätt och slaveri,
med böter och fängsel bestraffade bli.

Om folket sig samlar, vill lag reformera,
dess talare genast man kan arrestera,
ty "hot" emot samhället sådant ju är.
Ack, detta för hotet kan springa isär!

Ja, frihetens stamort den finns här i Norden,
och kunnen I icke mig tro uppå orden
så gör mig ej detta den ringaste sorg,
ty jag då påminner om - Örboms munkorg.

Må folket snart tröttna uppå reaktionen
och höja ett "lefve" för revolutionen,
som bortsopar tvångslagar, kungar och pack. -
För Eder uppmärksamhet jag säger tack.

A-r.
Proletären 1889-06-07

Carl Gustaf Axel Örbom - ihågkommen för den så
kallade "munkorgslagen" mot uppvigling och agitation.

Margarin-visa

En ynkelig visa jag önskar att sjunga
på känd melodi för båd´ gamla och unga,
och ämnet för visan berör industrin:
en omtuggad vara som näms margarin.

Si, saken var den att man börjat fundera
på något, som kunde för smöret passera
och bliva mer billigt för ekonomin -
då uppfann ett slughuvud just margarin.

Och läkare påstod att varan är präktig,
men bonden och prästen, i skrifterna mäktigt
de tro att det görs av en avgrundsmaskin,
det rysliga sattyg, som näms margarin.

Ja, bonde och prostfar de mista humöret,
ty båda ha "kommit sig upp uti smöret";
de göra grimaser och sticka som bin
så snart någon vill föra in margarin.

För den skull nu riksdagen varan förbjudit
och gubbarnas visa i samklang så ljudit:
"du ädela smör och förgyllande skrin!
Du fyller vår plånbok, men ej *margarin!*"

Var starkare nu, fastän mager är pungen,
att köpa den dyraste varan blir tvungen.
Och luft får man sluka, ja fin, riktigt fin,
men fan ska´ ta´ den, som förtär margarin!

Ty så lyder lagen, att allt vad vi äta
och allt vad vi dricka skall riksdagen veta.
Och ansedd man blir som *ett hår utav hin*,
om blott till *pomada* man tar margarin.

Vad gör jag nu själv under all denna vånda,
för att i den synliga världen bestånda?
Jo, när jag tar tilltugg till mitt *"brännevin"*,
så *luktar* jag blott på en klick *margarin*.

F.H
Dalarnes Allehanda 1889-05-24

MARGARINSTRIDEN 1889

Margarinet uppfanns 1869 av den franske kemisten Hippolyte Mège-Mouriès.
Under Paris belägring 1870–1871 saknade staden smör och margarin var det
enda matfett som stod till buds. I Sverige lanserades margarinet som ett
alternativ till det dyrare smöret. 1889 stod striden het om margarinets vara
eller inte vara och det var mycket nära att både tillverkning och import av
margarin förbjöds helt.

Margarinförbud i sin strängaste form, strängare än i något annat land hittills, beslöts i måndags af andra kammaren. Först beslöts förbud mot införsel af margarin med 126 röster mot 68. Därefter beslöts förbud mot tillverkning af margarin med 116 röster mot 76. Likaledes beslöts kontroll på allt importeradt smör. Ett stort antal reserverade sig mot besluten.

Hudiksvalls Tidning
1889-05-03

Samtidigt som lantbrukarnas hushållningssällskap krävde förbud tog arbetarrörelsen upp kampen: Stockholms arbetareförening protesterar på det bestämdaste mot allt förbud för tillverkning och försäljning av margarinsmör såsom innebärande en ytterligare orättvisa mot de fattige.

Svenska Dagbladet
19 februari 1889

Ölmoral.

En ölvisa ville så gärna jag sjunga,
fast endast av svagdricka fuktas min tunga;
men därföre torde nog visan bli skral
och fånig som nutidens ölkolksmoral.

Vår svenska kultur håller på att bli omsatt
uti bäjerskt öl, som förnuftet har bromsat
och sätter en prägel av ölglåmighet
uppå vår nation, som av öl endast vet.

På dörren står "matsal" för att lura bönder,
ty stiger man in, illusionen går sönder.
Där rinner blott öl omkring munnar och disk;
att drunkna i slasket man halvt löper risk.

Och om du begär att få kaffe och bullar
en här utav ölögon strax mot dig rullar;
och skänkjungfrun stirrar förbluffad och stum,
att Svea kan ha någon ättling så dum.

Och går du helt ensam på åkern med spaden
sju mil ifrån ölbryggeriet i staden,
var lugn, ölutkörarn nog söker dig opp
att fresta din svaga och bräckliga kropp.

Om Jönsson sitt ölbryggeri skall försälja,
skall pressen härom uti åratal tälja,
ty det gör epok uti vår ölkultur,
vår framtid beror på om Jönsson har tur.

Vad nyttigt och gott är för hela nationen
bör stödjas av staten, omhuldas av tronen;
och därför begärdes det statsunderstöd
åt ölbryggar Månsson i Räfkakeröd.

Idéernas mak alltid världen regerat:
vår Nordensköld Kap Yjeljuskin har dublerat
och Luter dublerade påven i Rom -
men mot bryggarkärran dock Sverige sköt bom.

Som Israels barn utav eldstoden leddes,
så ock åt vårt folk sent omsider bereddes
en ölstod att leda dess trevande steg
och muntra dess sinne på mödornas väg.

Ty så efterhängsen kan synden ej vara
som bäjerska ölets energiska mara;
den är nästan värre än frälsningsarmén
och gör, liksom den, sin adept till - kapten.

J.O. Ahlin.
Reformatorn 1889-06-13

Arbeterskor vid Piehls bryggeri, Götgatan 100, 1897.
Här tillverkades öl med namn som Marsöl, Vegaöl, Münchenöl,
Bittert Nürnberg, Witzenbier, Pilsnerdricka och Franziskanerbier.

Fotograf: Klemming, Frans Gustaf (1859-1922)
Stockholms stadsmuseum Fotonummer D 4158

Den allra-nyaste visan....

Om Liljedahl, dråparen vill jag nu sjunga,
en visa, så sorglig, för gamla och unga
om hur han, vid Sahlgrensbron, helt kort och gott
uti en medmänniska satte ett skott.

Så glad från Amerika nyss kom han åter -
nu sitter han ensam i cellen och gråter
istället för att, såsom välkommen gäst
hos hustrun fått fira sin Midsommarfest

I årena tre hade han måst försaka
den husliga sällheten här hos sin maka -
nu kom han till fäderneslandet igen
med hopp om på nytt få omfamna sin vän.

Men först ville han sig en smula förnöja
och roa sig smått, därgör kom han att dröja
sig kvar över natten uti Göteborg
därav blev hans glädje förvandlad till sorg.

Han tyckte, att han hade råd till att festa
och därför beslöt han att värdshusen gästa
han tog sig ett glas - ja, han tog sig väl två -
drack kanske en skål för sin gumma också.

Helt ensam han så mången bägare tömde
i glädjen och ruset sin gumma han glömde
han ville ha sällskap vid glaset förstås
har bara man pengar kan "vänner" väl fås.

Så träffar han en som han alls inte känner;
de dricka, men bliva ej alls några vänner
den okände vill till på ett ölställe ned
men därom vill Liljedahl ej vara med.

När Liljedahl sedan ej mer ville bjuda
då börjar den andra av vrede att sjuda
ett ord ger det andra och Liljedahl får
ett väldeligt slag som till mark honom slår.

Han reser sig upp och från platsen försvinner
den okände dock honom följer och hinner
vid bron, där han svärjer och hotar så vred,
fast Liljedahl ber att få vara i fred.

Då likväl den okände fortfar att rasa,
tar Liljedahl - blott för att injaga fasa
och skräck hos den andre - revolvern i hand
och så på förföljar'n han siktar ibland.

Med vapnet i handen han hotar att skjuta
om fienden icke sin hetsjakt vill sluta
men denne framrusar, i ilskan, så brått
och just i detsamma, så smäller ett skott.

Den skjutne, han synes nu vackla och falla
en folkhop sig samlar och hämndropen skalla
"En människa skjuten! Tag mördaren fast!"
Han flyr från det blodiga stället, med hast.

Och folkmassan skyndar att honom förfölja
ej finnes en vrå som den arme kan dölja
det inser han snart och stannar och ger
sig godvilligt fången - han räddning ej ser.

Han häktas och strax blir i bojor han slagen
och snart blir han även för rätta framdragen
och dömd blir han säkert för detta sitt brott,
som orsakat fasa i koja och slott.

Ja, straffet skall, rättvisligt nog honom hinna
men må man betänka - ja, må man besinna
hur han utav motståndar´n anfallen blev
och hurusom denne till brott honom drev.

Dock, detta kan icke som ursäkt betraktas
men gör dock att Liljedahl ej kan föraktas:
Vi måste med medömkan skänka en man
som *så* blivit brottsling och fånge, som han.

Sahlgrensbron vid Sahlgrensgatan ca 1900
Bildsamlingen Göteborgs stadsmuseum GhmB:17971

ETT HEMSKT MORD

Ett hemskt mord föröfvades i Stockholm natten till i onsdags en qvart i elfva. Snickeriarbetaren Carl Wilhelm Björnlund, boende i n:r 25 Skepparegatan, och tegelbäraren Johan Peter Andersson hade i ett kafé å Kommendörsgatan kommit i ordvexling, hvilken fortsattes sedan de utkommit i friska luften. På Grefgatan tog Björnlund fram en knif och afskar Anderssons strupe.

Händelsen vållade stor folksamling. Efterskickad fältskär anlade å gatan förband. Den sårade afled under transporten till Serafimerlasarettet. Mördaren, som skyndade att taga till flykten, efterspanas på det ifrigaste af polisen, som utfäst en bleöning af 50 kr. för hans gripande. Förhören med den stora mängden vittnen pågingo långt efter midnatt.

Folkets tidning 1891-10-09

Dråparen Björnlund, hvilken i Gefle häktats för mord å tegelbäraren Johan Andersson i Stockholm, har tillbragt flera år i fängelse eller å tvångsarbetsanstalt. Rörande dråpet å Andersson har Björnlund berättat att han, som retats af A., gått in i en öppen hökarbutik och tagit en stor fläskknif, med hvilken han sedan huggit A. i halsen. Efter dråpet gick Björnlund in på ett kafé, der han utbjöd knifven till salu.

Folkets tidning 1891-10-30

Dråparen Björnlund dömd. Såsom förut är omtaladt, hade förre snickeriarbetaren C.V. Björnlund ("Snickare-Kalle"), den sistlidne oktober å Kommendörsgatan med en större förskärareknif tillfogat tegelbäraren J.P.A. Andersson ("Svarte Anders") ett sår i halsen, så att döden ögonblickligen följde.

Genom i torsdags afkunnadt utslag dömde Stockholms rådhusrätts tredje afdelning Björnlund jämlikt 14 kap. 5 och 15 §§ strafflagen att för dråp utan afsikt att döda undergå 6 års straffarbete samt enligt Gestriklands Östra häradsrätts utslag för andra resan stöld till fem månaders straffarbete och två års vanfräjd.

Mariefredsbladet 1891-12-12

83

Mordet på Kommendörsgatan

Hur litet man nu sätter värde på liven
det visar ju Mörner och Wykman och kniven
och Snickare-Kalle som dödande skar
en menniska som namnet Andersson bar.

Uppå ett Kafé de just träffades samman
de började där mycket fredligt i gamman
de drucko sitt öl och de tog sin pris snus
och Kalle sig fick liten början till rus.

Men bäst som de sutto vid glaset och prata
så började Kalle på Andersson gnata
ty Andersson skyldig sen åratal var
till Kalle en slant av det minsta man har.

Om blott tio öre de började träta
så lite kom Kalle att sansen förgäta
han hota´ med stryk och han grälade gällt
men Andersson svara ej heller så snällt.

Sen skildes de åt men hos Kalle av gnatet
uppblossade genast förtärande hatet
och hämnas han ville den futtiga slant
tyvärr blev hans hämnd dock en smul´ för bastant

På Kommendörsgatan han Andersson mötte
och genast mot honom då Kalle sig stötte
i luften syns kniven och genast man hör
hur Andersson ropar: "Ack Herre, jag dör!"

Karl Björnlund nu genast sågs modet dock tappa
och skyndade sig från den mördade schappa
det rysliga snittet som Andersson fått
det rakt genom halsen så dödande gått.

Det samlades folk ifrån öster och söder
men ingen kan hjälpa att mannen förblöder
och ingen vill hjälpa polisen i hast
att få Kalle Björnlund, den flyende, fast.

Man sökte i landet, man sökte i staden
och långa haranger man skrev uti bladen
men Snickare-Kalle stod icke att få
fast kniven han brukat man hittade på.

Ty på ett Kafé hade Kalle den lämnat
sen han likväl först hade sälja den ämnat
han var liksom rädd för det vapen han fört
med vilket ett människoliv han förstört

En dag uti Gävle gick Kalle i fällan
ty brottslingen undgår sitt öde så sällan
men därföre hade han ökat sitt brott
och stulit en klocka som skåda han fått.

Karl Björnlund dock syntes ej vidare ängslad
fast ofta förut han också varit fängslad
Hans samvete tycktes ej oroligt alls
fastän han skar av Murar-Anderssons hals.

Men uti den saken syns pengarnes välde
ett liv tio öre den gången blott gällde
det är ju förfärligt att sådant har skett
år adertonhundra och nittioeett!

Man läser kat´kes och man lagen predikar
men ändock man aktar ej alls sina likar
trots tusentals präster och Frälsningsarmé
så blir mänskligheten allt lastfullare.

Karl August Frisk

Nu en liten visa vi börjar att sjunga,
att trösta oss med, både gamla och unga,
ty tiden är bister och kon står i sin -
och sju öre litern på mjölkmagasin,

Nu allting är dyrt, man får ingenting gratis,
båd´ kaffe och foder och smör och potatis.
Att mjölken har ökat, det var då väl hin:
nu sju öre litern på mjölkmagasin.

Då skall man ibland litet kött gå att köpa,
så får man ju veta att det och har öka´,
ty slaktarn ej ko kan få köpa så fin, -
ty sju öre litern på mjölkmagasin.

Och vart man än går eller vänder sitt öra
precis samma visa så få vi då höra
att mjölken är dyrare, det sad´ Kristin:
Nu sju öre litern på mjölkmagasin.

Att mjölken är dyr har vi alla fått veta
som hungriga ä´ och vill ha något äta;
och bonden han tänkte: jag passar på ti´n,
tar sju öre litern på mjölkmagasin.

Man får då ta på sig den sötaste minen
när som man ska vandra till mjölkmagasinen,
och skummade mjölk ska vi ha som är fin
fast sju öre litern på mjökmagasin.

Att mjölken är dyr det kan icke bestridas,
ur småfolkets pung ska ju slantarna gnidas,
men hur skall man kunna få något därin,
då sju öre litern på mjölkmagasin?

Nu slut är på visan - den tid snart skall komma
då vi får vår mjölk för blott 12 öre kannan.
Men det kan ju hända ej bliver i år,
den vilken längst lever det veta nog får.

Faluposten 1890-12-06

1891   Skvaller och förtal

Att springa till grannen, det går så behändigt
för nöjet att prata och larva beständigt
om allt vad som händer och sker uti sta´n:
Har du hört? Vet du vad? Kan du tro! - hela da´n.

Visst fingo vi tungan att bruka i tiden,
men gränsen, go vänner, är väl överskriden -
Långt värre än bomber, kartescher och krut,
är elden som mynnar från tungorna ut.

En människa utsatt för lögner och skvaller,
vem undrar väl på om hon slutligen faller
i aktning och värde ej mera sig lik.
Och skulden? Ja skulden är tungans kritik.

Väl vore, du toge förnuftet till bästa
och frige dig för att förtala din nästa.
Man vinner ju intet med smädelser här,
och tiga det kostar så litet besvär.

Hudiksvalls Allehanda 1891-02 17

God vänner för Er jag en visa vill sjunga,
den kanske blir rolig för gamla och unga,
om ni blott vill lyssna till mig lite grand
så vill jag berätta en sak, som är sann.

Det finnes på söder - det må ni väl veta -
en yllefabrik - Rejmersholm skall den heta -
och där må ni tro, det är löjligt med kläm
bland Tyskar och Kockar och - redlige män.

I Tyskland där växer båd´ tistel och törnen
som flyga kring världen till smalaste hörnen
och rötter de slå uti Söder och Nord,
och trivas så bra uti varje sorts jord.

En av de värste, herr Schnitzler han heter,
for över till Sverige att rikta sin heder,
och när han kom hit fick han fatt i en Kock,
den hjälpte han koka, så soppan blev tjock.

En arbetarskara han fick till att styra,
ty han var ju tysk, kunde räkna till fyra,
och bolaget jubla: nu hade de dock
en man, som kan hjälpa vår redliga Kock.

Arbetarna tyckte, att det var för tokigt
att bära så lugnt på det tryckande oket,
de slöto sig samman att värna sin rätt,
men slagna de blevo på äppeltyskt sätt.

Herr Schnitzler och Kocken med hejdukar flera
bestämde att fem icke fick bli där mera, -
nej, sparken de fingo förutan pardon
för det de försökte - organisation.

Högt jublar nu tysken; dock påstår malisen
att segern berodde det mest uppå - "Grisen"
som hjälpt dem uti det svinaktiga dåd
med skvaller och kanske med vänliga råd.

Herr Schnitzler han sitter på högaste tinnar
han styr och regerar och liksom besinnar,
om ej en medalj han dock borde sig ha -
(En tåt i en sillskalle passade bra...)

Han glöms ej så snart uti arbetarleder -
man pekar på den, som har mistat sin heder -
föraktligt förrädarens namn nämns i sta´n:
man gudfruktig är, men arbetar - åt fan!

Ett ord i förtroende ville jag säga -
jag kan ej så noga på ordena väga:
Min bäste herr Schnitzler, ett råd jag dig ger:
res åter till Tyskland och bråka ej mer!

Ty länge arbetarna nog icke tåla
att bliva förtryckta av herrar så snåla.
Det är ju en skam, att i byxor gå klädd,
då man såsom människa ej bliver sedd.

Breflådan 1891-10-17

Lundström i ordenskapitlet

Allting här i världen vill Lundström studera,
och en gång jag kom så att Japan dubblera.
Jag satte i land strax min lärda person
och blev bland snedögda en dekoration.

Mikadon fick snarliga nys om den saken
han kalla´ mig dit och skrek: "aldrig jag maken
har sett till den men´skan, som står vid min tron.
Han tvärt skall vid hovet bli dekoration.

Sen sa´ han till mig, att i Japan ej sällan
för oppositionen han svårt kom i fällan,
"Säg, Lundström", han bad, "vet du någon reson?"
Hm! svarade jag, *"lite dekoration."*

Mikadon mig skänkte en lysande titel,
och jag konstruera´ ett ordenskapitel.
Där slängdes små stjärnor till alla slags hjon,
och man blev förtjust av sin dekoration.

Grossörer, som gjort uppå börsen sin lycka,
vi läto med lysande bandstumpar smycka,
och präster, som gingo i stum procession,
ja, de fingo också en dekoration.

Och prutade någon uppå apanagen
vi visste att knipa strax den personagen.
Och märkvärdigt nog blev det annan en ton,
när bara en Liss fick en dekoration.

Mikadon han hade små inklinationer,
fast såsom bulvaner där bruktes - baroner.
Men tröt det då pengar för slik en person,
en rik släppte till mot en dekoration.

Vi slungade stjärnor till män utav värde,
till krigsmän och gamla förtorkade lärde,
hos damerna sökte vi inplanta den tron
att bäst var en karl med en dekoration.

Och det mer än annat tog skruv kan ni tänka
ty aldrig en fru mannen frid ville skänka,
förr än han bortlade sin opposition
och svor oss sin tro vid en dekoration.

I Japan på så sätt kom lugn till att gästa,
och jag kunde tronen så säkert befästa,
ty muckade någon, så klämde där skon,
att han blivit utan en dekoration.

Ett råd nu, monarker, vill Lundström er giva:
har bråkigt ni hemma, till mig ska´ ni skriva.
I Sverige och Japan min enkla person
lärt inse vad vikt har en dekoration.

Karl August Frisk
Snickaregesäll

Skräddarens lår

Att tiden går framåt i olika skeden,
det vet man, men vad som har hänt härförleden
förvisso med eldskrift på sporthimlen står,
om skräddarn som reste omkring i en lår.

Den skräddarn av ödet har fått sina slängar,
han längta få resa - men hade ej pengar.
Dock plötsligt ett ljus i hans hjärna uppstår:
att resa som fraktgods omkring i en lår.

Han kröp ner i lårn mitt i mörkaste natten
med tre apelsiner och ett kvarter vatten.
Och se´n till Paris uppå järnväg det går
med skräddarn och vattnet i skräddarens lår.

Hur än som han tumlade om med bagaget
höll skräddaren uppe det tyska kuraget.
Och aldrig, därför uti borgen jag går -
var skräddaren "skräddare" uti sin lår.

Se´n for han till Stockholm med vattenransonen,
men när som man hyva med lårn vid stationen,
stationskarln som träffad av blixten där står,
ty usch, vad det lät ifrån skräddarens lår!

Man våga knappt andas och började maka
sej mera och mera från låren tillbaka,
tills man genom springan en brevlapp sej får...
Dom trodde visst fan satt i skräddarens lår.

Se´n visa han sej varje kväll för publiken
och samma publik var alls inte besviken.
Det är inte ofta som skåda man får
en skräddare komma till sej i en lår.

O, tänk vilken glädje bland ungkarlars skara
om tyskens exempel så följdrikt skull´ vara
och här varje skräddare reslusten får!
nog fan skall man kunna bestå dem en lår!

En sann visa om den tysk skräddaren Hermann Zeitung som reste
Europa runt som fraktgods i en lår. Text: Emil Norlander

1892   𝕿𝖗𝖔𝖙𝖙𝖔𝖆𝖗𝖛𝖎𝖘𝖆

En varning, en liten, jag här vill utdela,
och hoppas att alla må le av det hela,
att det är så gott som skandal för en var,
om man inte går uppå rätt trottoar.

Nu viskas det allmänt så här uti staden:
- fastän det förr´n nu inte kommit i bladen -
"Den där! Se på henne! Hon söker en karl,
ty annars hon ginge på rätt trottoar."

Där trippar en fru av de "stora" och "höga",
kritiken på henne ock haver sitt öga:
"Den där, fast hon är så förnäm och "så rar",
så kan hon ej gå uppå rätt trottoar."

Där kommer en "storgubbe" sakta och varligt
som tror, att för honom är ingenting farligt,
men gisslet det viner, och karlstackarn har
fått nog, för han gick ej på rätt trottoar.

Båd´ sjukdom och död har satt ut sina giller,
då man riskerar att få sig baciller,
i fall man en möter, som dylika har.
Därför bör man gå uppå rätt trottoar.

Dalarnes Allehanda 1892-01-29

Den store och Riksbekante Grosshandl. och Ridd. af Kungl. Nordsjerneorden
Herr D.O.Franke smat huru listigt han lurade Satan m.fl.

När jag var i Mölndal så fick jag en tanke
att skriva en visa om faen och Franke,
ty intima vänner de var som man vet
men Franke han lura nog faen för det.

Det sägs att kontrakt de lär haft sig emellan
och därför kom aldrig Herr Franke i fällan
men samma det gör om man ej har kontrakt,
ty Satan ej ändrar ändå vad han sagt.

När Franke låg sjuker, så kom Herr Hin onde
till Mölndal förklädd till en vanliger bonde,
men innan Herr Franke ej ens honom sett
så kände han ändå det osade hett.

Ty tungt blev i luften det luktade svavel
och dörrarna öppnas på vidande gavel
och Satan steg in och tvärt fråga brutalt:
Hur mår du? *Jo nu är det faen så skralt.*

Ja känner hur rysligt i hjärtat det sticker,
dä mesta jag sörjer är mina små flickor
som hava mig tjusat i Mölndal och Stan,
ja nu är det slut mä kurtisen, sa Fan.

Jag vet nog att tiden är inne, sa Franke,
men Herran förbarmar sig över den kranke.
Då sade faen och skratta i mjugg:
Med dig har ej Herran att göra ett dugg.

Ty min har du vardt uti långliga tider,
nu är det ej lönt att du ängslas och kvider,
följ nu endast mä, sade hin med ett hån,
ty ordspråket säger, att fan tar sitt lån.

Ditt lån ska du få, och det även med ränta,
men enligt vårt avtal så ska du ock vänta
så länge till dess jag blir lagd uppå bår,
men då får du ta mig mä hull och mä hår.

Så lång delation får du lämna för rästen
till dess att jag hunnit att jordas av prästen,
ty det skulle bliva en faslig chikan
om jag i mitt hus blivit tagen av fan.

Ja du vet att jag aldrig mot dig varit stränger
som livshanken nu på ett hårstrå blott hänger
så får jag väl ge dig den prolongation.
Tack, tack, sade Franke i ödmjuker ton.

Jag kan inte neka du varit mig trogen
och därföre är du nu tjänlig och mogen,
ty bättre minister jag *aldrig* har haft,
din tjänst har du skött båd med allvar och kraft.

Ja! Jag vet att jag gjort här, så gott som jag kunnat,
min nästa jag aldrig nåt gott jag förunnat
och slavarna mina jag pryglat och svält
och kvinnor jag skändat, i armod dem ställt.

Därför har du levat i lyx såsom Lorden
och *Riddare blifvit af Nordstjerneorden*
och adlad du blivit, det var min motion,
men så blev ju Dickson i stället Baron.

Jag vet ej vem jag nu skall få i ditt ställe,
ty skälmare finns nog här i vårt samhälle,
men riktiga bovar är ont om förstås,
så make till dig, får jag aldrig gudnås.

Av tjuvar och skälmare känner jag flera
som jag på min heder kan rekommendera,
ty såna subjekter finns många i Stan,
Ja, skaffa mig en, ä du snäller, sa fan.

När Franke var död, skulle föras till graven
kom en okänder man, bad få bära prestaven,
och ehuru ej någon förr sett denne karl
så ana de alla ändå vem han var.

Och när prästen välsignelsen började läsa
så börja den okände mumla och fräsa,
ty sådana böner han ej hört förut
och kunde omöjligt uthärda till slut.

Då han var försvunnen så gavs det tillkänna
att Franke förordnat han här skulle bränna,
den sinnrika tanken lär Franke ha fått
i samma minuten som fan hade gått.

Och när han kom åter den väldige kungen
var Franke införd i den brinnande ungen,
och Satan for in uti ugnen som brann
men kunde ej finna av Franke ett grand.

Att Satan blev ledsen kan ingen förvåna
och håret av sorg börja genast att gråna,
tog askan i näven, och fällde en tår
Och sade: Här ser ni nu allt vad jag får.

Dock askan den skall jag här utså i Norden
så Frankar skall uppstå, likt svampar ur jorden,
Och Frankfrö det håller han än på och sår,
så skurkar det får vi nog, år ifrån år.

A. L--m.

Mölndal Ur Sveriges industriella etablissementer.
Tecknade av Gustaf Pabst. Stockholm 1872-79 Serien 2 : Planch 94

Cettis ballong

I väldiga rader vi ilat med brådska
per ångslup, i spårvagn, till fots och i droska,
till Tivoli voro vi alla på språng
att kika på Cetti och Cettis ballong.

Att roligt det var, man just inte kan skylla
att stå där och se hur ballongen tog fylla
men trösta man fick sig i väntan så lång
att inte på länge man sett en ballong.

Man såg också Jörgen där inne blad stassen
som prövande kände herr Svensson på tassen
med sakkunnig min som en viktig "persong"
han granskade också herr Cettis ballong.

Vi vänrtade tåligt, det gjorde vi rätt i
ty skåda vi fingo omsider herr Cetti,
på bröstet beskrudad med dingelidång -
ty ballast behövs, som bekant, i ballong.

Men hoppet det sviker oss ofta eländigt
och nämn mig en sällhet som varar beständigt!
Nog av, bäst vi trodde att allt gick sin gång
och korgen var kopplad till Cettis ballong.

Så talade Cetti nu till populasen
och skyllde på blåsten och mörkret och gasen...
Spektaklet var inställt! Herr Cetti, fi donc,
att lura oss så kapitalt på ballong.

Men svenskens humör både milt är och fredligt,
man tog sin missräkning ofantligt beskedligt.
Publiken steg neder och söp i salong
och gjorde en konst i herr Cettis ballong.

Men inne i staden där går ännu mången
och undrar om fan har anammat ballongen;
på gator och torg, ifrån gränder och prång
man kikar mot skyn efter Cettis ballong.

Nu slutar jag visan och ber er besinna,
att om allt för enkel ni skulle den finna,
beror det därpå, att pegasen - pardon! -
sig hållit vid marken likt Cettis ballong.

Budkaflen 1892-08-05

Den första ballonguppstigningen i Sverige gjordes 1806. I början användes luftballonger bara vid folkfester och liknande tillställningar. Senare har de använts till vetenskapliga expeditioner. En berömd sådan är Andrées polarexpedition 1897.

Bilden visar Franzisco Cettis och redaktör Frösells ballonguppstigning på gasverkstomten den 26 maj 1892.

Foto: Kindlund, Adéle   Sundsvalls museum

99

Saltsjöbadsbanevisan

Tryckt hos G. Walfrid Wilhelmsson 1892

En bana det byggdes direkt i från staden
bland bergen den slingrar sig till Saltsjöbaden
en holme i sjön där noblessen ska bo
från sorger befriad, i vila och ro.

Där finfina villor i massa skall byggas
av lummiga träden så härligt beskyggas
och därtill ett ståtligt och grant schweizeri
och allt som kan höra till finsmakeri.

Men slaven som trälar och sliter på banan
med nödens insegel insämplat i pannan
åt honom man kastar ett ben utan kött
sen alla hans krafter i träldom förblött.

I berg, uti kärr, uti skog och på fält
att arbeta väldigt, man slaven har ställt.
Hans pengar blir nog ej förtärda av rost
och sill och potatis det heter hans kost.

Åt honom ges även hotell - nej, baracker
man handlar mot folket som riktiga brackor,
och bädden den är litet ris i en lår
och väder och vind genom väggarna går.

Mång´ fader med hustru och barn in i staden
som tvingats till banan, ut till Saltsjöbaden
med smärta får se sin familj lida nöd
när själv han ej mäktar förtjäna till bröd.

Det pekar åt häcklefjäll, bästa kamrater
skall alltid det offras åt guldets magnater
och byggas och slita åt dessa till skänks?
Fy katten, för sådant envar måste skäms!

Skall alltid vår ställning i världen förbliva
den samma som nu? Jag då hellre vill bliva
en gäst uppå holmen vid Mälarens strand
än knoga vid banan i gråsten och sand!

Nej upp "rallebusar", vår ställning förbättra
ej dryga magnater oss längre må fjättra!
Betalt för vår möda vi endast begär
så pass att vi slippa att svälta så här.

Se vilken kontrast mellan herren och slaven
i ett är det likhet, de mötas i graven.
Men en tar det feta, den andra får svält.
Jag tror tag mig hin det är dåligt beställt.

Från Saltsjöbanans invigning 1 juli 1893. Lokomotiv från AB Atlas.

Köpen!

Mitt herrskap! I kunnen väl annat ej tycka,
än att det är människans ljuvaste lycka
att vara förståndig, bedagad och klok!
O, köpen då genast **"Medborgarens bok"**!

Och när ni, om aftonen slutat bestyren,
så sluken, den mest intressanta lektyren.
Helt visst till en början I kunnen då ta
"I grus och i spillror" av Emile Zola.

Om fäderneslandet, dess storverk och planer
"Historiska bilder" och "**Sparres Romaner**"
samt Åberg beskriva. Med vanligt kurage
är skriven "Två fruar" av H.R.Savage.

Läs **"Schliemanns Upptäckter"**, gjorda i Troja.
Studera helt grundligt **"Från Slott och till Koja"**,
till boklådan sedan er åter bege
köp senaste verket utaf Fischier!

Med **"Blänkfyrar"** Ni emot falskhet Er värje,
med **"Tre uti Norge"** och Svensson **"I Sverige"**.
Var meter blir känd utav hela vår nord.
Se´n omväxla vi med **"En man övfver bord"**.

Och glasögon, passande för Eder näsa,
att Ni **"Midt ibland oss"** helt ledigt kan läsa.
Tag sedan en bok, **"Unga Hjärtan"** benämnd!
O, glömmen dock icke Ohnets roman **"Hämnd"**.

Och är ni i brevskrivning flitig och tapper,
så finnes här finaste 2 öres papper
kuverter på allra modernaste sätt,
och frimärken finnes med kungens porträtt.

Men tvingar er gikten att ömkligen halta
köp **"Läkareboken"** och **"Flickan från Malta"**!
Köp också **"Romaner utav fru Carlén"**
och **"Vintergrönt"** utav Carl David Virsén!

Och **"Kokboken"** lär Er de finaste rätter.
Om sorgsna I bliven, köp **"Fliegende Blätter"**,
Och den skall Er giva ett ärligt revanche,
så visst som **"Romaner af August Blanche"**.

I **"Hessleholms Tidning"** man läser om Eder,
att I skolen gifta Er. Vördsamt jag beder,
att korten, som visa, när bröllop skall bli,
må tryckas på mitt accidenstryckeri.

Till sist får jag vördsammast rekommendera
mitt lager av psalmböcker, biblar m.m.
av bläck och av bläckhorn med vackraste ställ.
Allt köper man billigt hos **August Hånell**.

Hessleholms Tidning 1892-05-06

103

En glad visa om Bryggaredrängen

som mördades i Göteborg och uppstod i Kungsbacka på 3:dje dagen
ifrån de döda, eller hur han lurade sig och sin gumma på palt.

En roliger visa mig lyster att kväda,
O! må ni mig inte begabba och häda,
ty rolig det blir den till ämne och ton,
och sjunges precis som Herr Sandals kanon.

Jag verser har skrivit mång´ tusende gånger,
båd´ roliga visor och andliga sånger,
nu bryggaredrängen mitt ämne skall bli,
som satt vår poliskår i så´nt bryderi.

Dock ha vi nu sett uti samtliga bladen,
att han nu livs levande kommit till staden,
då han först här uppväckt båd fasa och skräck,
ty rädd blev ju till och med själve Carl Kn-k.

Att karlen blev mördad och dränkt i kanalen
det var här i staden de dagliga talen,
ty blodig var mössan, hans rock likaså,
och blodpölar såg man, båd´ stora och små.

Men var han var dränkt, var ej gott till att veta,
och uti kanalen man började leta,
med draggar man såg flera båtar i kapp,
i hopp att av bryggaren få sig ett napp.

Men när de nu draggat och bryggarn ej nappat,
då börja de tänka, den skälmen har schappat,
och sökte de gjorde en var på sitt vis,
ty hundrade kronor var utsatt som pris.

104

Och det må ni tro gjorde slag uti saken,
ty vår detektivkår, som alltid är vaken,
de började genast uppsnappa hans spår,
och genast de tog´en med hull och med hår.

Nu har han berättat sin bragd för polisen:
Att när hustrun tillverkade palt efter grisen,
då tog han ett kvarter av varan så god,
att därmed förråda sitt mänskliga blod.

Se´n gömde han det i en skrubb uti boden
och mössan skar sönder och doppa i bloden,
samt lade se´n ut hela sin attiralj,
att visa att han där haft sin sista batalj.

Det är ju för tokigt, hur alla försöka,
att lura sin nästa och kassan föröka.
Men märk mina vänner att sådant kan gå,
Utav stora skälmar, men aldrig av små.

Sin plats har jag sport att han re´n återtagit,
och uppgjort sin skuld på det Prippska bolaget,
de enda han lura, och det var ock allt,
så det var sig själv och sin gumma på palt.

Blodpalt tillagas på lite olika sätt i Sverige beroende på hur
traditionen ser ut där man bor. Basen i maträtten är blod från
ren eller nöt. I Torndedalen blandas renblod med vatten. Palt-
smeten rörs ihop med vetemjöl, ägg och salt till den blir kletig.
Därefter klickas den ner i kokande vatten. Lite längre söderut
tillagas blodpalten mer som vanlig palt, fast med blod i degen.

Nu kan en liten flickunge allting få bliva
så snart hon har lärt sig att läsa och skriva -
den förr blott recepter ur kokboken skrev
kan nu hos apotekaren bliva elev.

Ej blott "ena hjälphustru" kvinnan vill vara
på sätt som den Heliga Skrift ses förklara
Nu tävlas i allt med det manliga kön
med femdubbel fart och - mot tiondels lön.

Vad smakar det köksattiraljen att sköta
emot att kontorsstolens skinndyna nöta
vad är väl pianot med all dess musik
emot instrumenten uppå en klinik?

När ämbets- och tjänsteman bliver var kvinna
får mannen sig lära sy, koka spinna
han mycket elände dock slipper ifrån
exempelvis: tjänstgöring vid telefon.

För sådan ej lämpar sig skapelsens herre
hans nerver och tålamod prövar den värre
och därför fick kvinnan ta saken i hand
långt starkare är hon än mannen ibland.

Beslutsamt hon satte sig till apparaten
som anlagts av Bell och gått över till staten
Vad folk har att säga ej rör liten nåd
fast hon håller reda på samtalets "tråd".

När andra små flickor vart ord måste väga
och rätta sig efter "vad folk har att säga"
då ger telefonfröken sin apparat
i uppdrag att lyssna till människors prat.

Hon nöjer sig med att "förbinda" oss alla
och frågar ej efter hur orden än falla -
Du gubbstut, hur könet än hata du må,
att "anropa" henne du nödgas ändå!

Men skulle man stundom förgäves få "ringa"
ur jämnvikt ens lynne så lätt det kan bringa
dock "ringakta" fröken man likväl ej bör -
om ej på momangen signalen hon gör.

I fall att det kommer en "fnurra" på "tråden"
ej vrede och misshumör genast förråden -
att "avbrott" kan uppstå av olika skäl,
som "brott" kan det aldrig betraktas likväl.

Hur mången får oftast på svaret ej vänta
som går där och suckar för ann´ liten jänta
då bör väl den väntat ej bliva för lång
som "veven" får draga da capo nå´n gång.

Beundran och tacksamhet, ville jag mena,
elektriska fröknarna ärligt förtjäna.
Att tjänsten på damerna inte gör kol
bevisar att nerver de hava av stål!

En tröst telefonfröken däri må finna
kan odödlighet med sin id hon ej vinna -
med ungdomsfrisk håg hon dock offrar sig för
en verksamhet, som henne "namnkunnig" gör.

Mig klokheten bjuder här avbryta "strömmen"
fast knappast Pegasen vill åtlyda tömmen.
Föll visan i smaken, så sägen ifrån,
små älskliga fröknarna, pr telefon!

Helsinglands Weckoblad 1892 december
(Ur Stockholms Julblad)

Min sångmö i långliga tider har tegat,
men nu vill hon tala om vad som har legat
tungt på hennes sinne och kvävt hennes sång.
Ja, det är månntro en historia lång.

Ett byggmästarpar, en herr Janne och Nathan
(Den sistnämnde bygger nu vid Vestergatan).
Av murare sina fick ansökan på
att timlönsförhöjning med fem öre få.

Men Nathan - den kristne - blev vred till humöret,
och Janne han sa´: "ta mej fan om ja gör´et!"
Då utbröt där strejk, som ni veta förut,
och mästarna alle de gjorde lock´ut.

"Allt murarearbete", sa´ de, "skall vila
om icke till Janne och Nathan ni ila
och arbeta glatt för den svältlön ni får;
ja, eljest så stänga vi visst för i år."

Att murarna så skulle slås av förfäran
nog mästarna tänkte, men från sin begäran
ej murarna gingo. De höllo sitt ord,
en sak som bland mästarna ej varit spord.

De "kristna" och okristna mästarna slöto
ett "kristligt" förbund - som de nästa dag bröto;
ty arbetet har icke "vilat" en dag
fullkomligt, ens i Göteborg, det vet jag.

Ty "mästare" med sina "basar ha turat"
med smäckor och albönder, som hava murat;
men nu tycks ej denna litkorps förslå,
ty nu sökas murare i varje vrå.

Nu utslitna gubbar få daglöner höga
och krymplingar, såd´na som knappt ha ett öga,
och mången som aldrig förut lag en sten
samt "busar" och "pöbel" - ej sannt herr Norén?

Ja, nu äro mästarna icke så noga
med skicklighet, endast folk kunna knoga
och hava en hammare med sig och sked;
men ha de det icke så få de det med.

Bland mina kamrater ej någon synts svika
och som vi ha rätt vi icke ge vika,
ty lön för vårt arbete böra vi få
att vi ej behöva att tigga också.

JOB.
Ny Tid 1893-08-11

STREJK OCH LOCKOUT

I juni månad 1893 strejkade murararbetarna i Göteborg för löne-
förhöjning, 10 timmars arbetsdag och timlön i stället för daglön.
De strejkade på utvalda byggen hos byggmästarna Janne Johans-
son och Nathan Persson. Byggmästarnas moteld var ett hot om
allmän lockout som skulle pågå tills strejken upphört. Fack-
föreningen gav dock inte vika och båda parter mobiliserade för
full strid. Den 18 augusti 1893, efter mer än tio veckors konflikt,
hävdes formellt lockouten, men strejken fortsatte mer eller mindre
effektivt fram till den 21 september.

Källa: Göteborgs Byggmästareförening

Hyllningsdikt

Ett qväde om konungens ankomst till staden
vid Norra Södermanlands invigning

Med festskrud vårt samhälle ståtligt sig pryder,
I veten ju alla vad detta betyder:
Vår konung snart kommer så fryntlig och glad
han hälsas välkommen av hela vår stad.

Och friska som sjuka, båd´ gubbar och gummor,
så kvicka i benen, som pinnar på trummor,
de önska sig alla, båd´ gammal och ung
gå ut för att skåda vår ståtlige kung.

Om liktornar finnes, så lämna dem hemma
i folkträngseln annars de komma i klämma,
när samlingen börjar där ute i norr
vid banstumpen lilla, som där slås i knorr.

När klockan är halv fem, då kommer monarken
och håller sitt invigningstal bakom parken,
där festligt man smyckat den lilla station
med flaggor och blommor, en väldig portion.

Det trångt blir och varmt så man knappast kan andas
dock stundom för ankomsten det likväl skall randas
en gumma i högen av trängseln blir sjuk,
en herre har tappat båd´ hatt och peruk.

Det jämkas och pustas, man knuffas och gormar,
två herrar, helt fina, få pucklade stormar.
En annan som språkar så gladlynt och kry
i packgropen fägnas av ett paraply.

Nu konungen kommer, hör ångvisslan ljuder!
Till tystnad i massan hon högtidligt bjuder
en var, som har väntat på stunden så kär,
och skarpskyttekåren gör skyldra gevär.

Ett "Leve kung Oscar!" det hörs över alla
från strupar mång' tusen hörs hurrarop skalla.
På jublande glädjen finns knappt något slut,
när kungen på plattformen så stiger ut.

Men slutar sen hurra och kungen framträder,
han hälsar på folket, så vänligt han säger
att banan för oss blir välsignelserik
samt öppnas i morgon för allmän trafik.

Se, flaggorna vifta och skarpskytt'musiken
uppstämmer fanfarer. Nu till gymnastiken
far konungen fram mellan festprydda hus
på gator, som äro ett hav utav ljus.

Och Söderbloms bolag nu sina maskiner
på banvagn kan lasta, ja även kaminer
de där som ej slockna - de brinna ju jämt! -
Jag tror att ni skratta? - Det är dock ej skämt.

Munktells fina tröskverk och dito maskiner
per järnväg nu skickas, med fart så det viner,
på några minuter till södra station.
Hur skola väl hästarna nu få motion?

Ej mera man åker på gatan och dyllar
med sådana pjäser som Beronii hyllar.
På järnvägens droska man ställer dem blott
och snart de försvinna. - Ja, ha ni förstått?

Och för mejeriet bekvämt även bliver
om ned till stationen med smöret ni kliver
det ställer i finkan med glättigt humör,
och sedan det åker, precis som i smör.

Se´n kungen i nåder har sjungit min visa,
så börjar han henne att lova och prisa.
Han säger: "Du sjunger och diktar med fors -
Ta mot denna gåva, ett skönt Volta-kors!"

Om visan är tarvlig, det får ni förlåta
och knotar ni mycket så börjar jag gråta.
Men blir det på knotet ej rim och reson
då kryper jag in uti - Zandahls kanon.

Kungaskalden i Eskilstuna hr Herman K.
22 oktober 1895

*Dikten är för övrigt skriven på endast tre timmar
och i hast inlämnad på tryckeriet.*

Norra Södermanlands Järnväg, bygget 1893
Källa: Informationstavla i Åkers styckebruk

När krinolinen kommer

Vestkusten, Number 6, 10 february 1893

"En ynkelig visa jag önskar att sjunga",
fast hes är min röst och förlamad min tunga:
jag tänkt på den flicka, vars arma person
blir "fångad i nät" av vår nya fason.

Nog gräsligt det låter att höra dem klaga,
men modets gudinna de måste behaga.
O, arma små varelser, finns ej pardon
från "jernbojan" uti vår nya fason?

Jag känt mig så lycklig vid flickornas sida
och kuttrat så ömt - Ack, men nu får jag lida!
Ty "utstängd" blir jag ju och "instängd" blir hon
allt för den sju......rasande dumma fason!

Du söker att komma den dyrkade nära
och avskedets kyss till dess läppar få bära;
men nej, - hon står utspänd, liksom en kalkon:
Hon blivit så "spänstig" - det är ju fason!

I dansen ej mera behag kan jag finna
ty lik en ballong sig framvältrar var kvinna
och skulle hon falla.....! Ej en diakon
kan undgå att skratta. - Ack, är det fason?

Min visa jag borde väl sluta med tårar,
dock hellre jag tror, att jag ler åt de dårar,
som i krinolin stoppa in sin person,
emedan den blivit så dum, vår fason.

En putslustig visa jag önskar att sjunga
med klappande hjärta och lallande tunga,
med fullproppad mage, med rösten så gäll
om en som blev tokig uti ...Frans Hodell

Hon läste att den som ett skratt ville hava
till Södra teatern behövde blott trava
och där söka skaffa sig hos fru Regnell
biljett att se pjäsen utav Frans Hodell.

Till Söder hon trippade gladlig och säll
och såg både pjäs och författarn Hodell.

Si, saken var den att den pjäsen framställer
en hel hop med féer och trenne gesäller -
den ene av dem, en skomakargesäll,
den knep sig författaren själv, Frans Hodell.

Publiken begynte att skratta och skria
så det gick omkring uti skall´n på Maria...
Man skrattade salvor som från ett kastell
åt Andersson, Pettersson och Frans Hodell.

Men flickan, hon skratta´, så att hon blev vriden,
och stanna´ på Söder allt sedan den tiden.
Hon är ännu tokig, men börjar bli snäll,
ty...nu är hon huspiga hos Frans Hodell.

Hvad nytt från Stockholm 1895-05-04

April-visa

En ynkelig visa jag önskar att sjunga
med anda och själ och med kropp och med tunga -
förstås, om ni alla vill lyssna därtill -
och åtskilligt nytt som har hänt i april.

Först fingo vi sol och det vackraste väder,
som länder Vår herre förvisso till heder,
ty hur astronomerna än bjödo till
så blev själva alm´nackan lurad april.

I Bohusläns skärgård man lyckats att fånga
en valfisk ånyo - dock påstås av många,
att "fisken" är snarlik en större makrill,
och inte vet jag, vem som narrats april.

I Stockholm man flyttat från golven till taken
och själve den morske Sankt Göran med draken
fick inte i Storkyrkan längre stå still -
den forntida smaken blev narrad april.

I riksstånden pratats om fläsk så förskräckligt,
att nog är den varan omtuggad tillräckligt
och Tichatschek slagit så vackert sin drill,
att lärkan blev lurad i själva april!

Och Opris har framträtt ur dammet och stöket
uppsnyggat och fint - så bekvämt är i köket,
att man uppå väggarna kan steka sill...
Och ta mej sju tusan, jag narras april!

Hvad nytt från stockholm 1895-05-04

Jaktstadga

Tar sig bäst ut då hon sjunges med ackompanjemang av Sandahls kanon

Tills vidare städse förbjudet det vore
att med någon "harvärja" jaga en hare.
Han bör ej få känning av någon "patron";
än mindre beskjutas av Sandahls kanon.

Desslikes vi ej må förfölja en orre,
helst om vi bak öronen ej äro torre;
Nu händer att orren är livad för spel,
då bör han ju i vår priffe få del.

Sen att sammalunda att ej någon tjäder
av er må berövas en endaste fjäder!
det skulle dock vara ett under så stort
om själv uppå hakan ni äger ett fjun!

För jakt uppå rådjur i park omkringgärdad
man måste ha horn och en panna förhärdad.
Det skulle dock vara ett under så stort
om där man ej själv blivit ansedd som hjort.

En vildren förmodas helst vistas på fjällen;
jag tror dock den finnes på närmare ställen
men eget det är att för denna slags jakt
blir "grisar" de bästa, så har man mej sagt.

Av beck blivit härlett ett ord; beckasiner
och dessa med hymens band sökte man knipa;
men snaror de aldrig må fångas uti
de sedan förskjutna så lätt råka bli.

I tidningens spalter finns ofta en anka;
men hon vore fridlyst, allt enligt min tanka;
om henne ni jagar, er vatten bestås,
ty ni varder tagen allenast för gås.

Att själv jag är villebråd säkert ni anen;
jag med er tillåtelse kallar mig svanen
min svanesång sjungit jag har kort och gott,
beredd som jag är att för den kläda skott.

1897   Nationalkläder

God vänner, ifall jag får låna ert öra
så vill jag med en sak förtrogen er göra
och denna skall glädja ert sinne och hopp,
och liva er mera än *kaffe med dopp.*

Ty i bören veta att i *Uddevalla*
åt barnena era finns *kläder*, som falla
på läppen såväl hos syster som bror,
och glädja av hjärtat båd´ fader och mor.

För flickorna små, mellan 1 år och 8
finns klänningar fina utöver all måtta,
och priset så billigt sig ställer för dem -
från kronor 2,50 till 5, 75.

För gossar från 12 år och ned till sitt andra
kostymer så fina, som ingen kan klandra,
från sedeln på 10 till kronorna 2
hos *Albert Andersson* finnas att få.

OBS. *Strumpor passande till kläderna!*

Filipstads stads och Bergslags tidning 22 maj 1897

117

En visa om fastan för Er vill jag drilla
på fastande mage, han låter ej illa,
kan sjungas på gatan, men ock på kalas,
om bara man vet, huru tonen skall tas.

Ja, fasta, det ordet ju låter eländigt,
men somliga tycka, att det är nödvändigt
dock rikligt med fester det nu ställas till,
men mången får fasta, som alls ej det vill.

Det doftar av semlor, det fräser på spisen,
och gummorna huttra bland brokiga risen,
av välmåga skiner mång´ bagarpatron,
och fastande barnungar tigga i bo´n.

Och prästen helt frodig om fastan predikar,
men icke för ty efter mycket han fikar.,
han sköter sin syssla, men det är ju lätt
om fastan predika, när magen är mätt!

Men ej endast prästen sin syssla förrättar
ty nu är ock tiden för narrar och sprättar
de kråmande flyga på balen omkring
om skomakar´n fastar, det gör ingenting.

Nu bakas det rikligt med fettisdagsbullar
i riksda´n som vanligt, där bakas det tullar,
i det bageri´t är det särdeles fjäsk
ty nu under fastan är åtgång på fläsk.

Gesällerna knåda hop många motioner,
och mästar´n har brått med att göra sanktioner
ty folkmarkna´n är ju av fastande full
och pengar behövs det i statens schatull.

I år frieriet bedrivs i stor skala
fast många affärer ju synas rätt skrala,
om bara nu flickorna fria förstå
att ingen på kärlek får fastande gå.

Q. L-n
Bärgslagskuriren 1896-02-16

FASTLAG OCH FASTA

Fastlagen är de tre dagar som infaller närmast före fastan. *Fastan* inträffar 46 dagar före påsk och varar ända fram till påskdagen, dagen för Jesu uppståndelse. Fastetidens sjunde och sista vecka kallas *Stilla veckan* som avslutas med påskafton.

Fastlagen var förr en tid för förberedelse inför den långa fastan. Det var tre dagar med inriktning på mat - att äta mycket och gott. Fastlagen inleds med *Fläsksöndag* och *Blå måndag*. Sedan följer *Fettisdagen*, som var sista chansen att äta ordentligt. Dagen efter är nämligen *Askonsdagen* - och då inleds fastan.

I många kyrkor firas askonsdagsmässa, som är en gudstjänst med nattvard. Askonsdagen har fått sitt namn efter en gammal kristen sedvänja att strö aska på dem som kom till kyrkan och lyfte fram sina synder. I matväg är det väl idag bara semlorna som påminner oss något om fastlagen och fastan. De flesta av oss tar nog också lite lättare på askan.

I tjensteflyttningen

Från lock och kastruller, den glänsande raden,
hon flyttar, och går nu att "se uppå staden"
i kappa och hatt och i flor och sån´t där
och kanske i arm med en grann "melangtär".

Nu är hon mamsell, och hon rynkar på näsan,
och önskar sitt herrskap all lycka på resan
med pigan den nya, som efterträtt har:
Jo, känn uppå den, den blir inte för rar!

"Man ska´ väl för för sjutton va´ me´ uti dansen"!
Dit upp skall man kila till doktorn och Skansen,
och titta på stugor och kullor och djur,
och höra på "Gjödde"; va´ sa´ eller hur?

Panoptikon även, där ser man ju "gubbar",
fast nykter man är och balansen ej rubbar,
i irrgångs-salongen förirrar man sig,
men dygdigt förstås - Ah, försök ej med mig!

På Djurgården ut skall man också väl kila
och se på naturen därute och "stila",
ja, visst, över allt skall man nu vara me´,
blott skada att man ej mer har varieté.

Se´n får man väl kväva den fria naturen
och gå uti tjänsten, som fågeln i buren,
en kökskommendant uti sot och i stök,
ja, herre min je, vad de´ ä´ trevligt i kök!

Fäderneslandet 1896-10-24
Björn Cederberg

Misslyckadt

Till bonvischan värvaren reste att fånga
med bondförsök bonddrängar friska och långa.
Han sad´, när han for: Jag skall ta dem med storm,
så fort de få se mig i min uniform".

Men bonddrängar äro ej bonddrängar bara,
det fick ock vår värvare riktigt erfara,
ty fast han uppträdde i olika "form",
så gick det ej lätt, och sämst gick det med storm.

Den ene han ville, men fick intet bliva,
den andre han tänkte till gardet sig giva.
Det är ju den sista reträtt, som finns kvar,
då värvning till gardet i staden man tar.

Den tredje, han var ej från platsen sin ledig;
den fjärde han var i sitt tal så beskedlig,
och fråga: "Får löshand vid gardet man ha,
så skall jag nu värvning av er genast ta?"

En femte han undrade: "Hur skall jag göra?"
Den sjätte han ville om värvning ej höra,
nej, hellre på landet i köld och i storm,
han gick än vid gardet i grann uniform.

Poembladet 1896-07-24

Fyllnadsgods - En visa om Linköping

(Slutkuplett ur "Linköping-Nordpolen")

Jag sjunger en stump, förr'n vårt spex gått till ända,
om vad som har hänt och skall framdeles hända.
Från polen jag fockades nyss, men är glad
att åter få vara i Linköpings stad.

Vad tar då bland nyheter här flesta prisen?
Låt se! - Jo, helst säkert den nya polisen.
Den har ju fått hållning och pli på allt sätt.
Var jungfru i sta'n ger helt säkert mig rätt.

Sen "ligorna" skingrats som agnar för vinden,
tack vare polisen, men "unter den linden"
i landskyrkoparken helt solo törs gå.
Förr var med den saken, ni minns, si och så.

Därför allas gunst ock konstaplarna njuta
goodtemplarna klandra ej ens att de - tuta
ty tjänsten det kräver uppå sätt och vis,
se'n brandkår'n blev ett med vår nya polis.

Om nu våra styrpinnar fritt får regera,
med polen man nöjer sig snart icke mera.
Nej - ett, tu, tre kilar man lätt som ett spån
på luftjärnväg rakt från Linköping till må'n.

Och då blir elektriska frågan en fabel.
Man leder hit månsken direkt uppå kabel.
Vassera - då tystnar nog vackert allt knot
och nyaste gasklockan säljes som skrot.

Sen komma reformer i långande rader:
Vår hamn muddras upp för en pansareskader.
Nytt rådhus vi få för en halv million
och dito teater - det hör till god ton.

På finaste asfalt vi få promenera
och våra skomakare sko sig ej mera.
Lokalpressen glömmer allt inbördes gruff
och "Korrespondenten" ger Östgöten puff.

Allt detta visst sker i en framtid - jag spår´et -
fast kanske just ej i det ingångna året.
Och om profetian ej skulle slå in,
är skulden er otros, men rakt inte min.

Fyllnadsgods – Östgöten 1896-01-22

Järnvägen mellan Norrköping och Linköping var klar 1872.
Källa: linköping.se

För utställningen 1897

Text: Ur Fäderneslandet den 26 juli 1897

Från Söder, från Norr, ifrån Öster och Väster
nu samlas till "Synderskan" tusentals gäster.
De anlända flockvis från helt skilda land,
och traska omkring med Baedeker i hand.

Man ser dem på gator och på promenader,
trots värmen, som stundom når 25 grader
bekommer det dem ändå rakt ingenting
från morron till kväll de flanerar omkring.

Är månne det väl "Sköna Synderskan" bara
som locka till oss denna väldiga skara,
som ökas och ökas snart sagt varje dag,
och som önskar njuta av hennes behag?

Nej, vad som väl vållat i år attraktionen,
det är nog den stiliga expositionen,
den största som Sverige sig nånsin bestått,
och om den har ryktet till utlandet gått.

Ja, "Utställningsstaden" nu vallfärden gäller,
sin kosa till Djurgården främlingar ställer,
sen de har sig roat uppå första dan
med att orientera sig i huvudsta'n.

Och inte hans väntan där ute blir sviken
ty mycket där finnes att "se und bekiken",
men icke man hinner att se på en dag
de tusentals konstföremål alla slag.

När främlingar kommer så där hit i massa,
så plär det bli uppsjö i stadsbornas kassa,
och det är nog bra det för oss lite var
som inte så gott just om pluringar har.

STOCKHOLMSUTSTÄLLNINGEN 1897

Allmänna konst- och industriutställningen på Djurgården i Stockholm 1897
var en storslagen utställning över vad Sveriges och Norges (som var i union
med) industrialism kunde åstadkomma. Det var kronprins Gustaf (senare
Gustaf V) som anordnade utställningen med anledning av kung Oscar II:s 25-
årsjubileum som regent.

Fotograf: Okänd, 1897 Stockholms stadsmuseum Fotonummer D 408

Julmarknadsjubileet

Text: Ur Fäderneslandet den 29 oktober 1897

Julmarkna´ns tvåhundrade års-jubileum
vi fira, dock icke med något Te Deum
på juldagens morgon och annandags kväll
i stockholmska kyrkor och hovets kapell.

Nej, fast man för julmarkna´n nu jubilerar,
man ej i vår huvudstad illuminerar.
Här flaggas ej ens vid den närmaste knut,
och icke från Skeppsholmen gives salut.

Men vi jubelfesta, vi klinga och dricka,
då julglögg och kaffe vi ha på vår bricka.
En skål för vår marknad, som ännu finns kvar,
med anor ifrån Karolinernas dar.

Uppå detta torg Kopparmatte synts trona,
och fast han ej kröntes av konungslig krona,
så var han dock prydlig och gjorde effekt,
då varje kanalje han ingav respekt.

Och här har vi Börsen, där stundom man svindlar
och fastnar i nät, liksom flugor hos spindlar.
Och börsmatadoren, så fiffig och slängd,
kan riddare bliva, om ej han blir hängd.

De börsmän som svindla och djärvt kalkylera,
helt plötsligt vid domstolen bonis cedera,
och Lundqvista se´n, för att rädda sitt skinn,
om tvärt de ej gripas och så buras in.

Nog grosshandelshus uppå hus månde falla,
men julmarknadsstånden de stånda dock alla.
Nog skola de stå sig, tror jag, över lag,
på denna tvåhundraårs festliga dag.

Må nu blott vår marknad man friskt frekventera,
då skola vi alla så glatt jubilera.
Ja, fruar av stånd må nu göra en rond
i markna´n och handla av fruar i stånd.

JULMARKNAD PÅ STORTORGET

Konstnär: Dahlström, Carl Andreas (Anders) (1806-1869) Skapad 1859
Objekt-ID Stockholms stadsmuseum Inventarienummer SSM 101398

127

Junivisa

I juni man börjar att skolorna sluta,
Och vårvindar friska då sluta att tuta,
Och hästarna börja på grönbete gå,
Och då vill min pegasus penninggräs få.

I juni man klipper av ullen på fåret -
Men prästen han klipper sitt får hela året.
Den sjätte på pingstda'n i varje vår stad
Varenda Gustavus är livad och glad.

I juni blott bom våra skyttar få skjuta,
Och tarrarabom chansonnetterna tjuta.
Vid järnvägen är man så innerligt snäll,
Att tiden förändras på tågtidtabell.

I juni ses flugor med myggorna svärma,
Små envisa flygfän, som män'skan förnärma.
I juni far biet ur kupan och drar
Ur blomman, vad fjärilen täckts lämna kvar.

I juni man är ej det minsta generad,
För att någon mal bliver grymt malplacerad,
Ty då strör man peppar i päls och i schal,
Så malen dör svältdöd i tusendetal.

Och midsommarsol'n är för socialister,
Ty den mer och mer sina guldstrålar mister,
Så att de förenade arbetarlag
Från slutet av juni få kortare dag.

I juni man börjar att klunka vid Porla
Vid stilla Bethesdor, där herrskaper sorla.
I städer ha pigorna lugnt hela da'n,
Blott därför att herrskapet rest ifrån stan.

I juni på gökotta går man med flamman
Och dansar kring midsommarstången med gamman;
Och barn hoppa hage och leka »ta-fatt»
Kring Bellman och Lidner vid klingande skratt.

Polisbyxor blåa i juni bli hvita,
Och vita små strumpor man drager på Brita.
1 skjortärmar vita går mången med flit,
Och flickor man ser i studentmössa vit.

I juni man slutar att lyktorna tända,
Och grekiska krigsflamman slocknar kanhända.
I juni tar halvåret slut utan prut -
Och nu tager denna min mästersång slut.

LEKSAKER, GLADA VISOR, DEKLAMATIONSBITAR
GUSTAF LYCKOW. P.A. NYMANS EFTERTR. TRYCKERI, 1898.

GÖKOTTA

Gökotta är en gammal svensk tradition att ge sig ut på picknick på
våren för att lyssna på göken och andra vårfåglar. Mycket vanligt var
att ordna gökotta på Kristi Himmelfärdsdagen, men även Trefaldig-
hetsdagen, eller någon annan vacker vårdag. Då gav man sig iväg på
en vårpromenad tillsammans med picknickkorgar och lyssnade på
fågelsången.

Göken är sedan gammalt en viktig spådomsfågel:
Östergök är tröstergök, Norrgök är sorggök,
Västergök är bästergök, Södergök är dödergök.

August Palm ordnade gökottor i Liljeholmen på 1880-talet. Det var
förstås bara lätt förklädda politiska möten, som det annars var svårt
att få tillstånd till. Idag anordnar ofta Svenska kyrkan gökottor med
en något annan inriktning. Sedan 1925 firas Kristi Himmelsfärds-
dagen som Folknykterhetens dag. 1937 spelade Evert Taube in sin
sång *Vals i gökottan* på stenkaka.

Spöket på Kilsund

Sann händelse

För att min visa skall få något värde
så följ mig med tanken bort till Norrbygärde,
till stranden av Viskan, vid grönskande lund
bort till ett ställe som heter Kilsund

För några tiotal år se'n det hände,
att det på Kilsund blev ett fasligt elände
ty folk som där bodde ej fingo en blund;
ty spöken "husera" så grymt på Kilsund.

Värden på stället han svor skock anamna
och hyresgästerna gjorde detsamma.
Och alla människor sa' med en mun:
Att själva "hin håle" var lös på Kilsund.

Där var det ett buller och bråk, mina vänner!
Att maken till detta historien ej känner
ty huset det darra från tak och ned i grund;
och tröstlöst stod hela Borås för Kilsund.

Klockar'n och "stöten", ja till och med prästen,
och hela kyrkrådet även för resten
uti sluten tropp gjorde ditut sin rond
men spöket det var och förblev på Kilsund.

Och stadens hjältar med kraft uti armen
de tågade ditut med mod uti barmen
Men när de fått lyssna på spöket en stund
la' de benen på nacken och sprang från Kilsund.

När nöden är störst så är hjälpen ock nära
ty snart kom en man, som rädda vår ära.
Med lejonets mod, och en tanke så sund,
han svor: att från spöken befria Kilsund.

Han därför ett "Voltakors" hängde på nacken
och morsk som en Achilles han vred sig på klacken.
Han golvet bröt upp på en liten stund
och fann så en utter ha bo på Kilsund.

Att detta är sanning det kan jag bevisa.
Men nu är det slut på min ynkliga visa.
Jag kunde den fortsätta ännu en stund,
men nu ger jag "håken" i hela Kilsund.

VOLTAKORS

Voltakors var mycket populära som alternativ
medicin på 1800-talet. De bars i en kedja runt
halsen och bestod ofta av zink och koppar samt en
tygbit indränkt i ättika. Man trodde att elektriska
strömmar ledde genom korset och att det kunde
bota värk och sjukdomar.

Under 1800-talets senare hälft tillkom diverse
"elektriska" och magnetiska kurer och medel. Runt
sekelskiftet 1900 växte ett stort intresse fram för
alternativa behandlingar och kurer av olika slag,
allt från hypnos och kostkurer till föremål knutna
till magnetism och elektricitet.

Dit hörde voltakorsen som skulle fästas eller hängas på bröstet. En
mängd nya sjukdomar, såsom nervtrötthet, nostalgi, bleksot och
hysteri ansågs ha uppkommit på grund av samhällsförändringarna
under denna "nervositetens tidsålder".

131

Flugplåstret

Ombord på en ångbåt, som skulle till Aarhus,
utspeltes en scen, som var värdig ett dårhus...
I en utav hytterna bodde helt trygg
en man med sin fru och med - värk i sin rygg.

I hytten bredvid låg en främmande herre
som trött utav mödorna snarkade värre...
Han glömde att tiden var bister och stygg,
och vände helt sonika världen sin rygg.

Men natten den hade på långt när ej flytt än,
så vaknade mannen i förstnämnda hytten
och väckte sin maka, som slumrade trygg
mens han hade värk uti sin stackars rygg.

Han låg där och läste en mängd paternoster,
tills hustrun gick efter ett "dragande" plåster,
som han bruka´ ha, när som värken blev stygg,
placerat nå´nstans på sin värkande rygg.

Och hustrun gick ut, annat stod ej i valet,
men råka på hemvägen alldeles galet
och lade sitt dragande plåster helt trygg
mitt uppå den - främmande snarkarens rygg.

Men plötsligen hör hon: "Var är du min maka?"
och skyndar förskräckt till sin gubbe tillbaka...
Han skrattar åt saken så glad och så trygg
att värken försvinner totalt ur hans rygg.

Men knappast det hunnit att bli riktig dager,
så vaknar den främmande av att det "drager"
precis som han hade ett tusentals mygg,
som firade orgier uppå hans rygg.

Han sprang som en clown på en cirkusarena,
men ingen förstod vad som karlstackarn mena.
Och frun själv, som tillställt spektaklet tog skygg...
så han har väl plåstret *ännu* på sin rygg!

EMIL NORLANDER

Emil Norlander, född 5 maj 1865 i Stockholm, samma år
som Sandahls kanon blev till. Han var Stockholms revykung
runt förra sekelskiftet och producerade cirka 60 revyer och
flera lustspel. Bland de 3000 kupletter han själv uppger att
hans skrivit finns Fia Jansson, Amanda Lundbom och O, min
Carl Gustaf. 1901 skrev han också en omarbetning av lustspelet
Andersson, Pettersson och Lundström.

Jag känner en man, full av godhet och dygder
han flyttade hit ifrån Värmelands bygder,
han tröttnat på landet, ty där var så trist
nu tänkte han lära bli *fotografist.*

Den tanken han fått av en vän, en kassörska,
hon "fuskade" som *fotografamatörska,*
hon tyckte att Kalle för *fotografin*
sig lämpa´ på grund av sin *tagande* min.

Men Kalle vart kär uti *(fotografi)*fina
men flickan åt honom blott medlidsamt grina,
hon vurma för löjtnanter (borde ha pisk)
och Kalle hon kalla för *(fotogra)fisk.*

Men Kalle ej tröttna, han unnade ingen
att äga skön´ Fina *(Fotografe)ringen*
han köpte åt henne - men tänk sådant slag
hon trohetens sigill *"tog af"* sig en dag.

Nu Kalle blev ledsen på fotograflivet
han ville gå bort ifrån striden och kivet,
i skummande vågor - den ed han sig gaf
där ville han söka en lugn *(foto)graf.*

Han bilder *"framkalla"*, så dystra, ty blodet,
det sjöd i hans ådror, dock fattades modet,
fastän han var uppfylld av missmod och hat,
att dö var han ej *(fotografap)parat.*

Han ångrade sig - in till staden han vandra´,
att "dö uti skönhet" sen bittert han klandra´,
och dagen i ända nu Kalle man ser
i egen, modern *fotografatelier.*

Nu Kalle för Lotta, modisten, ses glöda,
hans forna, hon räknas numer´ bland de döda,
fastän att han hatar kalaser och söl
han gärna bestod henne *(foto)graföl.*

Echt.
Korrespondenten 1899-07-06

Ateljébild.
Flickan på bilden har inget samband med visan.

Nättrabyvisan

En liten visa, jag kan inte hålla mig
den handlar om Alnaryd-Nättraby järnväg
på denna banan där åkte jag fram
den sextonde juni till Nättraby hamn.

Jag köpte en åklapp, klev in i en låda
som kallas för vagn men se Gud oss benåda
för den som försökte att räta sig rak
han blev snart varse att där fanns ett tak.

I tjugo minuter stod stinsen och blåste
i pipan och fäkta med armar och flåste
men när han sedan kom fram till maskin
satt förarn och eldarn och spelte casin´.

Me då bar det sta så Gud och Vår Herre
vi rullade och huller om buller där värre
men vi hade knappast väl åkt en minut
förrn dom ropa båd veden och vattnet var slut.

Ett hjälplokomotiv det sändes förstår sig
med avbruten skorsten och fågelbo på sig
men när det blev förspänt och klappat och klart
då orkade eländet inte att dra´t.

Stig av allihop! Konduktörn kommendera
skjut på utav attan vareviga kropp
vi sköt och vi knoga och till varandra vi sa:
uppå denna bana där åker man bra.

Vid nästa station si då skulle vi stanna
där blåste det medvind och utför medsamma
det går mens det går så skrek en person
de får väl för jävulen flytta station

136

Men i uppförsbacke si där var det stopp si
och trötta det var vi varendaste kropp si
men lycka i olycka var det till slut
vi mötte en bonde som ledde en stut.

Då spände vi stuten för lokomotivet
och sen bar det av, ja, för brinnande livet
till Nättraby kom vi båd´ billigt och bra
två timmar för tidigt för snälltåg det va´.

Talas: Men det var ju dagen efter!

Nättrabybanan byggdes i tre etapper. Den första sträckan
Nättrabyhamn-Alnaryd blev färdig 1897. Banan förläng-
des sedan till Eringsboda och den bandelen stod klar 1905.
Den sista sträckan Eringsboda-Älmeboda invigdes 1910.

Arbetare!

Om ölet en tid ni blott ville försaka,
så kommer nog priset, det gamla, tillbaka,
och ej är det skäl, ej heller reson,
att ni skola göda var bryggarpatron.

Att taga betalt med tolv öre buteljen
blir säkert för dyrt för var droppe, ni sväljen.
Nej, hellre då "svagis" och "bultis" också,
ty de äro drycker som billigt ni få.

Och hålla ni säkert och fast vid den dygden,
att ej dricka öl, går åt fanders visst brygden,
och sjunka skall priset till samma nivå,
som fordom vi haft, jag är säker därpå.

En var som med möda för "styfrarna" knogar,
blott undfly en tid både källrar och krogar
och visa att makten ni här äga än
mot "the ölpheser", de stridbara män!

En lärdom nog alla av visan ha hämtat
fast kanske man tänker att endast jag skämtat,
så vill jag förklara min plan nu till slut:
att alla mot ölet vi göra lockout!

Scarron
Arbetet 1900-05-19

Ack, oh vad fasa, hvad hiskligt att höras,
en sten rent däraf till tårar kan röras.
Jag menar det drama som utspelats har
när båten "Prins Carl" ifrån Arboga far.

På gamla århundra´t, så man nu säger
mycket har timat på bygd som i städer
af rån och af mord och af gräsliga brott
på nya århundra´t man kulmen dock nått.

Ty dramat på Mälar´n det uppväger alla
den bofven ej nöjd var med stålet det kalla,
utan sköt med revolver och kulor och krut
för att herre på båten sig göra till slut.

Från Långholmen bofven nyss frigiven blifvit
och sedan åt Norrland på vandring han drifvit.
och varit och hälsat på fader och mor,
där han lovat bättring, men man ej honom tror.

Ack, Nordlund han hade en idé i sin hjärna -
kanske förgäves han mot den sökt spjärna -
att få sig en skuta och bli egen kapten
och handla med mat uppå Östersjön se´n.

I Arboga går han på tanken och rufvar
han tittar på båtarnas dörrar och hufvar.
Får syn på "Prins Carl" och gör genast sitt val
som sedan för många blir gräsliga kval.

Denna här båten jag tror nog sig lämpar
om som ett vilddjur jag riktigt här kämpar
kanske här finns penningar mycket ombord
då skall jag dem taga med våld och med mord.

Ombord på "Prins Carl" har man alls ingen aning
och ingen kan heller ju giva en varning
för Nordlunds hemska och djäfvulska plan
i god tro man därför går ut ifrån sta´n.

Måne och stjärnor ej breda sitt glitter
på stranden har tystnat all fåglarnas kvitter
ja, allt är stilla på sjö och på land
på däck smyger Nordlund med kniv i sin hand.

Så stänger och reglar han till alla låsen
smygande sikte han får på kapten se´n
rusar så fram och sänker sin knif
i ryggen två gånger och tager hans lif.

Den käcke kaptenen till däcket föll neder -
"Min Gud var mig nådig" - det sista han beder -
men bofven han hörer ej alls där uppå
hans plånbok blott söker och lyckas att nå.

Som vanligt, när vilddjuret blod har sett flyta
med Nordlund det gick och han börjar att ryta:
"Här dö ska hvareviga endaste en
på skutan skall herre jag nog blifva se´n"

Den nästa, som träffas af bofvens mordlusta:
en stackars kvinna, hvars söner sig rusta
att rädda lifvet på moder så kär
men Nordlund snart herre öfver dem är.

När styrman på båten hör skottena knalla,
och finner hur många för Nordlund måst falla
så rusar han fram för att bofven slå ned
men mötes af kulor och tvingas fly med.

Han i styrhytt sig gömmer, men bofven kom åter:
"Nej, styrman för intet jag undkomma låter -
på ångbåten själf skall jag taga befäl
därför skall jag säkert dig skjuta ihjäl!"

Styrmannen själf blev nu slagen av fasa
från bryggan i däck han ned lät sig hasa
undan för vilden som pardon icke gav
och rädda sig så ifrån förtidig graf.

I rökhytten sutto några herrar och spela
då bofven kom in dit sig reste den ena
men ett skott i sin kropp han genast då fick
sedan åter Nordlund mot styrhytten gick.

"Full fart i maskinen!" så han ropar i röret
Till "Mäster". Han lyder dock ej fast han hör'et
"Det här går ej an, vi törna", han säger till sig
"Jag slår välan back, ty ej lyder jag dig!"

Nu Nordlund han rusade till maskinkappen
men "mäster" har redan stängt af hela trappen
och bofven får åter ge sig af uppå däck
där han vadar i blodet, så högt som en bäck.

På afstånd å fjärden syns lanternor blänka -
hjälpen försynen vill ändtligen skänka -
Det är båten "Köping" som nalkas med fart -
nu, Nordlund, på brotten slut är det snart!

Som "Prinsen" på vattnet blott ligger och drifver,
att allt ej är klart, det tanken ingifver
hos skepparn på "Köping" som ropar:"hallå!
hvar är Rönngren, är det fel, kan ni inte gå?"

Men bofven han siktar mot "Köping" och skriker:
"Jag skjuter på den, som genast ej viker!" -
Och orden han låter åtföljas av skott
samt springer till räddningsbåten se´n bort.

Med stora krafter och vana han sänker
båten så ensam mot vattnet och tänker:
"Bäst att sig rädda!" och ror sedan bort
han i becksvarta mörkret försvann inom kort.

Hvad fasa nu folket från "Köping" får skåda
då de gå ombord för att hjälpa och råda
Bredvid hvarje offer man finner ett nytt
från fyra av dem redan lifvet har flytt.

Att boven han nu ror för brinnande lifvet -
sig rädda han vill - det är ju helt gifvet.
Se´n han stigit i land han springer helt fort
Men samvetet slår´n ej fast det väl ha bort.

Till Eskils stad kommen, han kläder sig handlar
och på allt vis sig rikligt förvandlar
Tager sig skjuts och far till Skogstorpet ut
där polisen på bragden dock snart gör ett slut.

Med bojor omgärdad han föres till häktet
fri ifrån vilden är människosläktet.
Vi hoppas att aldrig uppå denna jord
slik gräselig handling skall mer blifva spord.

De käcka polismän, som bofven tog fången
en vers bör ock ha uti den här sången
ty knepigt och modigt de buro sig åt
som re´n första da´n lad´ för skurken försåt.

Och sedan nu Nordlund kommit för rätta
sturskhet mot domar´n han endast vill sätta
han ångrar sig ej, han säger, ett grand
skulle gärna till mord åter höja sin hand.

Den mannen han är och förblifver en gåta
mänskligt att döma, borde han gråta
blod öfver brotten, och hans samvetes kval
man´an till bön upp till himmelens sal.

Domen nu fallit och rättvis det är den,
mången dock anser - den sista färden:
Dödsdom - för mild är för brottet så stort -
men tiden är sådan, vi ha den så gjort.

Medkänsla och saknad vi må skänka åt alla
som för mordlusten hos bofven måst falla
och hoppas att tröst må blifva beskärd
åt änkor och barn invid sörjande härd.

MÄLAREDRAMAT 1900

Den 17 maj 1900 begick Johan Philip Nordlund ett av de värsta dåden i svensk kriminalhistoria - massmordet på ångaren Prins Carl.

Enligt den plan som skildras i boken *Mälarmördaren: historien om ett brott* så hade han för avsikt att råna så många som möjligt på båten och få med sig skeppskassan, varefter han skulle sätta eld på båten för att dölja sitt brott.

Planen lyckades emellertid inte. Facit av hans handlingar blev ändå omfattande: fem döda nio skadade. Bytet blev 845 kronor.

Nordlund hade planerat att ta sig till Köpenhamn via Göteborg. Han kom dock aldrig längre än till Skogstorps järnvägsstation där han greps av tre poliser.

Nordlund dömdes till döden och avrättades klockan 08:00 på morgonen den 10 december på Västerås länsfängelse genom handbila. Skarprättare var A. G. Dalman som utförde sin femte och näst sista avrättning. Enligt boken Mälarmördaren är Nordlunds sista ord; "Gud vare mig syndare nådig och trygg i min Jesu armar".

144

En stins klagan. *)

En alldeles ny och mycket rörande visa om Dyrtidstillägget, som ömkligen delats till marfaldelig sorg och grämelse för tusende lottlösa statens tjänare.

Sjunges vid munnagiga och piglocka till
den sköna melodien "Zandahls kanon".

En ynkelig visa mig lyster att sjunga,
vars toner ska´ röra båd´ gamla och unga,
ty sorgernas bägar´ jag tömt till dess drägg -
jag arme, som inte fick dyrtidstillägg.

Jag långan en tid gick i hoppet och svälte
och knäppte för var dag in bättre mitt bälte,
men mitt i bedrövelsen log i mitt skägg -
jag gick ju och drömde om dyrtidstillägg.

När björnar begynte för närgångna bliva
jag heliga löften ju kunde dem giva -
jag skrek dem till mötes långt, långt från min vägg:
"hav tålamod" snart får jag dyrtidstillägg!"

Jag trodde på riksda´n som själva Gud fader
och var i mitt hjärta så innerligt glader.
Ty inte väl fanns det en enda "tvärvägg"*
som skulle mig neka ett dyrtidstillägg.

Men ack, huru grymt blev jag icke bedragen
utav den beprisade höga riksdagen.
Som endast beviljade dyrtidstillägg
åt dem, som ej bo mellan skål eller vägg.

Vi andra, som bodde där hemma på roten,
vi fingo ta bot där som vi tagit soten
och inte begära, att råbiff och ägg
ska skaffas på bordet med dyrtidstillägg.

Se, riksdagens gubbar på det lade märke,
att tak över huv´et är satis siperque.
De visste ju alla, att mat skall man ha,
och skaffa den får man, var f-n man ska ta.

Och sol, luft och månsken det har man ju gratis
och se´n kan man leva på sill och potatis
samt då och då stekflott och härsk margarin -
det måtte va´ gott nog åt stinsar, för hin!

Men fastän det där ju förtröstansfullt låter,
så kan jag ej hälpa att likväl jag gråter
så tårarna rinna långt ner i mitt skägg
för det jag blev utan ett dyrtidstillägg.

Men hade i Eslöv ändå jag fått vara,
så hade det kanske ej haft någon fara,
ty där är tillåtet, att var på sitt vis
får äga sin svinbod och sin lille gris.

Men mina utsikter är inte alls sköna,
för jag får ej äga så mö´t som en höna.
Ty se, vederbörande tycka som stins
kan leva ändå här och må som en prins.

Och ändå så är jag allt annat än nöjder,
ty gnaga på ben skänker alls inga fröjder,
och krokbent jag går med stor värk i min lägg
för riksda´n har nekat mig dyrtidstillägg.

Och nu är min ynkliga visa utsjungen -
ack, måtte dess klagoton nå fram till kungen,
som kanske i saken då gör sitt inlägg,
så även vi stinsar få dyrtidstillägg.

Calle Z
Jenrvägsmännens tidning den 7 oktober 1901

För icke längesedan var en resa i Sverige förknippad med åtskilliga
svårigheter, hvilka särdeles för den vid sitt hemlands beqväma
jernvägsvagnar och andra befordringsmedel vane utländingen före-
föllo snart sagdt oöfvervinnerliga och derför också oftast afskräckte
från besök i det aflägsna landet.

De redan på så kort tid och på ett så utmärkt sätt färdigbygda
jervägarne tillökas årligen med allt flera, så att man torde kunna
motse, att inom några få år hvarje landskap och nästan hvarje märk-
ligare punkt inom södra och mellersta Sverige blifvit satt i förbin-
delse med det stora stambanesystemet. Mellan alla orter vid
kusterna och utmed de stora sjöarnas stränder färdas beqväma,
billiga och snabba ångfartyg, och på de större landsvägarne cir-
kulera beqväma postdiligenser med bestämda afgångs- och an-
komsttider.

Sverige ha således äfven med hänsyn till lättare kommunikationer
inträdt bland den civiliserade verldens stater, och detta på ett sätt,
som i intet afseende eftergifver, utan snarare i åtskilliga
hänseenden, t.ex. våra jernvägstjenstemäns utmärkta redbarhet,
noggrannhet och ordentlighet, våra ångbåtars prop.été m.m. öfver-
träffar, om ej alla, dock de flesta af dessa.

Jernvägspriser å statens jernvägar
Snälltåg: 1:sta klass 80 öre, 2:dra klass 60 öre pr mil.
Blandade tåg: 1:sta klass 75 öre 2:dra klass 50 öre, 3:dje klass 30
öre pr mil. För barn mellan 3 och 12 år betalas half afgift.

Stockholm 31 juli 1875 - Illustreradt Sverige

147

Korgmakaren

En Stockholmstyp.

När hit jag blev född, jag blev lagd uti *korgen*
i *korgvagn*, som sedan om mig - *drog* försorgen,
ty vaggan är omodern, veten I, nu;
ja, uti en korg Moses vaggade ju.

När honom på floden bland vassen man hitta´,
där låg han och sprattla och gladligen titta´,
förr än en prinsessa tog honom därur,
och gjorde´n till skaplig och torrskodd figur.

Av korgar jag här har en helaste fora,
från *sy-korgen* liten till *klädkorgen* stora; -
Men *brödkorgen* har jag bland dessa dock ej:
fast korgen ger bröd - den ej göres av mej!

Och "korgen" som flickan ger älskar´n, den heta,
den korgen, dess bättre, jag aldrig får fläta; -
den knåpar hon själv av intrigmaterial,
och fyller med bleknade eder och kval...

Men *papperskorgs*djupet, som gömmer så mycket
av vad redaktionen ej fallit i tycket -
den flätar jag hop, som en fullflätad en!
Ty godbitar ofta går ned uti den...

Den värsta av alla just uti det slaget:
ett "mörkaste Stockholm" i tidningalaget
är just Stockholmstidningens - korgmakeri
som dödar, helt nykter, "personligt" - esprit...

Men sorgliga korgar jag lämnar sitt värde,
och nämner en *matkorg*, som människor närde
med kött och med fisk och med persilja i,
och så *blomsterkorgen* med grön poesi...

Visitkort man lägger i korgar ju även,
men där, som i mastkorgen, drar jag dock veven;
men *pack-korgar* har jag på lager dess mer,
där kanske alpacca förnämt - packas ner.

För *skanskorgar* har jag som fredsvän, ej sinne;
de äro från blodiga krigen ett minne -
men finner jag jordbollens korgvärld för trång,
jag flätar en *korg* och går upp - i *ballong*...

En *munkorg* jag har väl ej uti min samling,
men ofta en *korgstol* åt uttröttad gamling;
en *hårkorg* mitt yrke dock inte förmår
att skapa åt skönheten svallande hår.

Nu har jag om yrket ej mera att sjunga;
av alla är kärlekens korgar mest tunga ---
men jag har fått Lauras hjärta och hand,
att mig ej generar *den* korgen ett grand...

Björn Cederberg
Fäderneslandet 1901-09-25

Björn Cederberg, 1860-1909, arbetade som journalist i Stockholm.
Han började på Tidning för alla, men medarbetade på flera tidningar
runt sekelskiftet, ofta signerande sina alster med B.C. Inte minst skrev
han en hel del för Fäderneslandet. Cederberg publicerade också flera
böcker med stockholmsanknytning: *Dimfigurer ur Stockholmslifvet*
1887 och *Folkets visor: Stockholmsbilder och tidsbilder* 1908.

Urmakaren

En urtyp ur Stockholmslifvet

Att "passa på tiden" var alltid min vana,
jag går, som ett - urverk på urmakarns bana;
"vad klockan är slagen", det vet nog bäst jag,
som går här och "drar" för varendaste dag.

Min mästare *tiden* är, som ni begriper;
allt *tidsenligt* hör blott till mina principer; -
från *urålderns* dagar till dagen som är,
den *timliga* saken var alltid mig kär.

Jag ruckar, justerar, ger pendeln små slängar,
och knackar boetter, ty *tid* är ju *pengar*!
Den skönaste tavlan på jorden man har,
är *urtavlan*, tror jag, jag visar en var.

Där visar jag folket, vad *tiden* hon *lider*;
min *visare* "rätt går", fast runt hon sig vrider -
i yrket jag urstyv blir alltid till slut,
där glatt jag ses handla, en gros och - *minut*...

Om *urkund* man nämt i arkeologien -
men jag har och "urkund" i ur-industrien;
om också han ej bor i - *Ur*vädersgränd -
den urkundens ursprung av mig dock är känd.

Bestämt under Vädurens stjärnbild jag föddes; -
och därför ikring mig se´n klockorna ströddes -
pendyler och fickur och kyrk-klockor, käckt,
och väckareur, fast jag själv ej - är "väckt"...

"I ur och i skur" jag mitt yrke ses sköta,
men ursinnig blir jag ej, vad än ses möta;
om stötar och motgång i livet jag får,
jag tröstar mig med: "tiden läkt alla sår"...

Jag "slagfärdig" är, ack, nog alltid du fann det
och därföre håller jag *"Fäderneslandet"*,
jag alltid det hållit, en frisinnets vakt,
ty jag uppå *tids*andan noga ger akt.

När pickande hjärtat sitt slutslag har klungit,
och slut är mitt urverk och livsfjädern sprungit -
sist *klockan i tornet* min sorgeton klang;
och kanske min själ emot - *ur*ljuset sprang...

B.C.
Fäderneslandet 1901-05-08

OMBESJUNGEN URMAKARE

Stockholms mest ombesjungne urmakare är **Jean Fredman**. Han
är huvudperson i Carl Michael Bellmans *Fredmans epistlar* och
Fredmans sånger. Fredman gick i lära hos sin far och genomförde
sin gesällvandring till London. Han antogs som urmakarmästare
i Stockholms urmakare-ämbete 1736, och valdes till ålderman i
skrået 1741. Då var han bara 29 år.

1745 utnämndes han till hovurmakare. Han hade sin verkstad i
Bergstrahlska huset vid Riddarhustorget och ansvarade också
för Stockholms förnämsta tornur, Storkyrkan och Riddarholmen.
Efter ett olyckligt gifte gick det tyvärr utför med Fredman. Han
anhöll om avsked från tjänsten som hovurmakare 1758 och avled
1767.

Till fru Kristina D.

I Roslagen öarnas tal nog är hundra,
och vackra ä´ många, men väl må jag undra,
om någon i skönhet vår Björkö är lik
på ängar, på hagar, på sjöar så rik.

Och därför när hettan i sta´n blr en plåga
i skaror till Björkö ses stadsborna tåga.
Båd´ krigare, statsråd och präster också
med fruar och fröknar och barn synas gå.

Värdinna på E-vik, hon heter Kristina,
ett namn, som ju hör till de kungliga, fina.
Fördenskull i dag ä´ vi samlade här,
att fira fru Stina, som är oss så kär.

Förstås, för oss står vår föreståndarinna
mer munter och lärd och mer brun finns ej kvinna.
Var kisse hon älskar: "Ack, han är så söt!"
men drar sig för *två* - som för *fyr*benta nöt.

Så fanns här en fröken, så skicklig i tyska
och finska jämväl, men hon avskyr det ryska.
Hon virkar och vandrar och varder så satt,
att henne i vigt snart ej någon tar fatt.

Ack, amanuensen, som älskar att röra
i burkar och kolvar och allting förstöra,
så kroppar och syror som gaser och hud
hon går här i sportdräkt och mår som en gud.

Som Flora, gudinnan, själv njuter jag bara,
bland blommor i mängd och bland växter så rara.
Ej spårlöst för resten gå dagarnas rad,
ty fjät syns vid stranden, där jag tar mig bad.

Mathilda sig vårdar så ömt för oss alla,
och Sigrid till måltid oss ofta hörs kalla,
då skynda vi villigt att tömma vart fat
och prisa se´n skärgårdens utmärkta mat.

Ja, Björkö är ljuvligt! Här måste man trivas,
när alla ens krafter så märkligt upplivas,
och E-vik, det ligger mitt uppå ön,
som pärlan på guldet framstrålar så skön.

Vi tacka nu alla vår rara värdinna
vars like bland fruar man knappast kan finna,
och värden vi tacka, att här vi fått bo
och sitta och vandra och bada och ro.

C.B.

den 24 juli 1900

Sommarnöje.

Å Björkö i Vätö socken finnes att hyra en naturskön
lägenhet mellan två hafsvikar, med landsväg förbi
gården, telegraf och ångbåtsstation i närheten samt
kringliggande löf- och barrskogsparker. Lägenheten,
kallad Öster-Edsvik, innehållande **5** rum och kök
samt veranda i öfre våningen, egdes före detta af
riksdagsmannen Matts Persson. Uppgörelse kan ske
med gårdsegaren **A.Sandberg, Norrtelge**.

Dagens Nyheter 1884-06-06

Ett bråk om badvatten man börjat i staden
och långa artiklar man skriver i bladen
man river ned badhus och bygger ett nytt,
med tången man mycket sin hjärna har brytt.

Om någon har kovan och vill börja bygga,
så må han då göra fasaderna snygga,
och därtill den rätte byggmästaren ta´,
ty det är blott vissa som nämnden vill ha.

Se målarna våra de vilja ej måla,
ty deras principer ej mästarna tåla.
De sköta nu strejken och taga motion.
Men mästarna knoga så glada i tron.

Man upplöser bolag samt hopfogar nya,
så ingen kan säga att vi ej ä´ krya.
Men det är så konstigt att få dem att gå.
Och själv "draga veven" delägarna få.

Hur är det med "Helsan", som så mycker säljer,
och likaväl törsten mång människa kväljer.
En tröst för oss är det, att "Bryggis" det har
ännu några dussin av läskedrycker kvar.

I sommarens hetta envar vill sig plaska,
dock mången ur litern vill fukta sin aska.
Och spritbolagsmännen med nöje nog se,
att folk tager snapsen, ja två eller tre.

Vi hava ju gator, på vilka vi vandra,
den ena är krokig, för smal är den andra.
Vari ligger felet? Jo häpna och hör!
En var är sin egen civilingenjör!

I "Stadt" och på "Norden" man fint musicerar,
publiken är tacksam och "medicinerar".
Till sist kommer "tapto", då hemåt man går
och gnolar och sjunger så gott man förmår.

Det är då helt säkert man undgår ej ödet:
Se bagarnas kunder de väga nu brödet,
och få de ej vikten, så grälas med smak,
det surt kommer efter på bagarens bak.

Ett fyrfartyg få vi att vägleda "båten"
kanonen den dög ej, det slut är med ståten.
Till sist uti visan jag vill ange en ton:
Den sjunges förträffligt till "Zandahls kanon".

Kalle Puff
Annonstidningen 1901-07-20

Det hänt nu så mycket på senaste tiden
att ej jag med tystnad kan slinta förbi den;
jag spetsar blyertsen, är klar till aktion
och fyrar så av med herr Sandahls kanon.

Man knotar och klagar på jämmerdalsfärden
att levnadens *banor* stå fyllda i världen
men tämligen skruvad den är denna sats,
ty *skjutbanan* den ger åt alla en plats.

När fosterlandskärlek får råda i landen
då siktar man nyktert, ej darrar på handen,
då träffar man pricken, den saken är smal,
och får som belöning en - *dryckespokal.*

Av sorg över ondskan min panna är fårad.
Ack! drängen från Tofta blev stucken och sårad
blev världen av händelsens annotation
- han ropte på *plåster* i sin telefon.

Det hänt, vad ej någon med skäl kunnat tänkt sig,
att neråt på slätten en prästman har hängt sig,
att "Lodbrok", en *ljusets* apostel, man satt
bak galler och bom uti fängelsets *natt.*

Ej såsom ett omen vi böra ta opp´et
att Hamnborna nästan förlorade *"Hoppet"*
i *mörkaste* natten vid skarp explosion,
ty *ljuset* skall segra, om blott vi ha *tron.*

Och därför må ingen bete sig som hedning
mot tanken att få i sin bostad en ledning,
som visar med fakta att god *fotogen*
är likasom vatten mot *acetylen*.

På Thorslund man festat till ära för *hösten*
och fast den kanaljen är farlig för brösten,
så lockar han ut oss i grönskande sal,
som gråkalle vinter gör frusen och kal.

Och nykterhetsfesten den vill jag berömma
och intrycket djupt i mitt innersta gömma.
Nog kan det gå an vara livad och säll
och, helt utan spiritus, spirituel.

(För denna tidning)
Wilh. Hall.
Engelholms tidning 1901-09-19

NYKTERHETSRÖRELSEN

Nykterhetsrörelsen har gamla anor i Sverige. Carl Emanuel Bexell tog som kyrkoherde i Rydaholm initiativ till olika typer av nykterhetsföreningar, redan i slutet av 1820-talet. Det var de första i landet av renodlad typ med ett uttalat socialt program.

År 1855 avskaffades husbehovsbränningen genom lagstiftning, men detta ledde dock inte till att alkoholkonsumtionen minskade. *Hoppets Här* var den första nykterhetsorganisation som förespråkade total avhållsamhet från alkohol. *IOGT*, International Order of Good Templars, bildades i USA och etablerades i Sverige 1879.

157

En väldig orkan haver uppstått i Skåne
han bortskymt båd´ solen och stjärnor och måne.
Och det var i jultidens heliga frid,
så snart som man tänker, man hissnar därvid.

Han rusade, brusade fram över slätten,
och vrålade, skrålade, röt såsom jätten.
Han öppnade floder och frätte upp vak,
och lämnade efter sig dunder och brak.

Han drog över Halmstad och halmtaken höjde
vid Strömstad så djupt han en strömfåra plöjde.
ja, ända till Norge han for såsom gäst,
och festade gräsligt i stan Hammerfest.

I Sverige och Norge och Danemarks rike,
han kändes, och ingen har skådat dess like.
Ja, ända till Stockholm han for på sin färd,
för honom syns darra den Skandiska värld.

Det sägs att han kändes, ja ända till Åland,
men värst tycks han härjat i Skåne och Småland.
Halmstackar, sandhögar de jämna till mark,
och pilträden fälldes som strån för en spark.

Ett plank han bortblåste, men reste det åter,
ty tvenne poliser han slunga det låter.
och brädhögar, trän flög´ på banor till slut,
att tågena icke sig vågade ut.

En järnväg han välte vid Öresunds vågor,
bondgårdar han stjälpte och hus kom i lågor.
En lada han kullvräkt med hundrade kor,
och fasan var gräslig, ja mer än man tror.

Brandkårer, polismän försökte att skydda,
ja, varen, som vågade ut ur sin hydda.
I Malmö två älskande blåste omkull,
och hundratals menskor vid Köpenhamns tull.

En stod uppå näsan, den andre på håret,
den tredje han slog sig så gräsligt på låret.
Den fjärde han flög som en kråka mot skyn,
den femte han stupade rakt ner i dyn.

Takpannorna dansade, torntuppar föllo
poliser och folk sig för ögonen höllo
Det hjälpte ej - Nej, man flög bort som en svans,
borgmästarn i Malmö han miste sin sans.

Och tidningar, hönor och hundar och kattor,
de flögo i rymden som piskade mattor.
ett sillstim blev slungat en halvmil på strand
och bortblåste där på det torraste land.

Man grät och man skratta, man for som besatta,
och många de kunde det under ej fatta
ty självaste fasen på skyarna red
och gatsmuts och småsten det haglade ned.

Och Öresunds böljor de gingo så höga,
att hejda den framfart det lönade föga.
De hamnmuren välte invid Helsingborg,
och började svalla på gator och torg.

Vid Limhamn de rullade stenar på ängen,
och slogo i fiskarn´s kojor i sängen.
Ja många fick flytta på taket sitt bo,
och sitta till morgon, och därifrån ro.

Väl tusentals menskor till lands och till vatten,
orkanen förstörde, helst juledagsnatten.
För kronor miljoner den skada har gjort,
det bladen förkunnat från ort och till ort.

Kvarnvingar de knäcktes och kyrkmurar bräcktes,
och lampor och ljus uti bönehus släcktes.
I Alanäs kyrktorn man vågade ej,
till gudstjänsten ringa, och väktarn sad´ nej.

Telgraffer, telfoner, ja allting blev skadat,
och menskor bortblåste, där förr man har badat.
Och allt blev till slut statt i hiskelig dans,
kringsvept av orkanens den vinande svans.

(Nämnda orkan rasade som värst juldagen och julnatten 1902)
Visan författad av Cronvall, till melodi, "Sandahls Kanon"

Trol. Vis- och Småskriftförlaget, Stockholm. Nr.31
Tr: Östermalstr. Stockholm. 1907.

En liten visa om demonstrationen

En drängsjäl som tjänte högt uppe i staden
han läste i smyg Social-Demokraten.
Han visste ju själv att han var en spion
och därför han läste om demonstration.

Han läste och läste om de arbetslösa
som tyckte: när pengar på *andra* de ösa
så kunna vi gå till sta´n över bron
och titta på tomtjobbarassociation!

Och drängen han skvallrade strax för sin herre
och herrn för polisen, men nu blev det värre,
han sa: Här blir annat än demonstration,
ty packet skall bindas, vid djävulens horn!

Polisen var ursinnig som "ryska snuvan",
ty hjärnan var inklämd utav pickelhuvan.
Förståndet satt mitt mellan nacken och skon -
det såg man ju tydligt vid demonstration!

Ja, nu är den slut, den demonstrationen,
men ändå grasserar hjärninflammationen.
Men vänta tills dårhus vid "Grubbens" blir byggt
Se´n kan man spatsera på gatorna tryggt.

S.b.
Socialdemokraten 1902-02-11

Töreboda Goodtemplares Basarvisa

Välkomna, välkomna vi hälsa Er alla
att i ha´n gått hit må förståndigt vi kalla
och därför vi hälsa, som sagt en och var
oändligt välkommen till denna basar.

Vi hava försökt att här göra vårt bästa
för att kunna roa och pungslå vår nästa.
Åt storkovan glär sig basarkomitén
det kommer att gagna goodtemplaridén.

Av alla de nöjen som härute finnes
det är ju knappt möjligt att hälften ej minnes.
Dock må vi försöka besjunga en del
allt uti en visa till handklavers-spel.

Tombolan där framme har vinster i massa.
Som alla till nytta och nöje kan passa.
Betala "tolv skilling", på veven man drar.
och ni får ett minne från våran basar.

Om lust finns att *fiska* försök då att meta
i dammen finns fiskar så stora och feta,
ej maken Ni metat i all eran dar
det nappar så duktigt i *dammen* vi har.

Och *Rättvisan* sedan, som alla ju prisar,
försök den god vänner och säkert den visar
och ett vill jag nämna, den ingen bedrar
släng visaren bara, strax saken är klar.

Om törstig ni bliver, finns bot för den saken
vi ha *Läskedrycker* så goda till smaken
och *Kaffe* den bästa av drycker på jord
samt *Saft* som av alla berömmes för god.

I *Skjutbanan* bör Ni i skjutning er träna,
så att Ni blir skicklig vårt fosterland tjäna
och den blir nog hållen som duktiger kar´
som pricken kan skjuta på denna basar.

Ack hör på musiken hur härligt den klingar
till sällare zoner på tonernas vingar
den för oss, ty *Messingsmusiken* det är
som räkna vi får för "tongivande" här.

Och *Kondis* med tårtor och bakelser fina
Er önskar få räkna bland kunderna sina
sen fråga de små och Ni genast får svar
"Köp bakelser åt oss på denna basar"

Om tiden Ni följer - och det bör Ni göra -
Ni korrespondenser per *Vykort* skall föra
och sådana, billiga, fina som här
ej finns att få uti annan affär.

Och *Dansbana, Käglor, Ringkastning* m.m.
som vi icke nu kunna specificera,
här finnes - Glöm icke att Ni kommit hit
för att Eder fröjda och roa med flit.

Och nu, kära vänner, båd gamla och unga
må denna här visan Ni köpa och sjunga.
Ja må´n I den köpa och gömma en var
till minne av denna goodtemplarbasar.

Utgifven till förmån för Töreboda Goodtemplarförenings basar den 2 augusti 1903

163

Väl finns här i världen en mängd rariteter -
båd´ Lissen och Waldenström - vad de nu heter -
men det som tar loven av allt - eller hur?
det är vårt förskräckliga Storsjö-odjur

En flicka på minst sina "förtio" vårar
hon fåfängt det manliga släktet bedårar.
Därför hon ock tager behövlig motion
på den för sin skralhet beryktade bron.

Det hände en morgon uti arla timman
då flickan vår rultade fram där i dimman
att plötsligt hon stannar - blek som en mur -
i böljan sig "vältrar" vårt Storsjö-odjur.

Med ögon som bryggkittlar - horn uti pannan
där sam det så lustigt i fröjd och i gamman.
men plötsligt det baxnar och ser upp mot bron
och suckar: "Ack, vilken aptitlig portion".

Vår flicka hon tänker: "Jag fåfängt bland hopen
av männernas skara har kastat ut kroken,
det vore ju därföre höjden av tur,
om jag kunde fånga vårt Storsjö-odjur.

Erfaren - vår flicka - hon likväl nu känner
att ensamt i livet ej går utan männer.
Ett bolag måste bildas - det var nog förtret -
för karlarna blottas ju "känd" hemlighet.

Ett bolag nu bildas - och det var ju susen,
var aktie gäller visst ett hundra tusen,
på början där bygges en vitmålad kur,
i tanke att fånga vårt Storsjö-odjur.

Man därjämte sänkte i kolsvarta natten
elektriska ljus i det mörkblåa vatten,
men fåfäng är mödan - man hade ej tur,
ty ljusskyggt är säkert vårt Storsjö-odjur.

Förgäves går jäntan i bävan och trängtan
till manliga hjärtan förr hade hon längtan,
nu går hon där sorgsen så gråtmild och sur
och suckar: "Du älskade Storsjö-odjur!"

Men odjuret är ej renonce uppå smaken
åt jäntan det vänder den feniga baken
det skyndar till länder där bolag ej fin´s
det svärmar ej för våra älskvärda "qvinns".

STORSJÖODJURET

Enligt samtida ögonvittnen är Storsjöodjuret cirka tre meter
långt med slätt och hårt skinn, grått som på en elefant. Huvudet
uppges vara stort som en drickskanna och ryggen lite bucklad
på sina ställen.

Mot slutet av 1800-talet gjordes ett försök att fånga odjuret
med en väldig sax som agnades med en hel gris. Eftersom
försöket misslyckades antas det numera att odjuret uteslutande
livnär sig på fisk.

Runt Storsjön finns det i dag åtta olika spaningsplatser för
odjursintresserade. Vid de här platserna har tidigare vittnen
sett Storsjöodjuret passera.

En grufvelig Visa om
det förfärliga Storsjöodjuret

I djupet af Storsjön, bland perlor, koraller,
uti ett palats utaf rena kristaller,
se' n Noaks dagar har lefvat och bott
en konstig familj, fastän ingen det trott.

Vid vetenskapen jag nu kan bedyra:
Familjemedlemmarnes antal är fyra.
De ha observerats från näsan till tån,
en man och en hustru, en dotter, en son.

För männer och qvinnor, för gamla och unga
i en ljuflig visa jag nu vill besjunga
ett stycke ur lifvet i böljan den blå
eller hur det för ett odjur kan gå.

En afton vid julen omkring klockan åtta
familjen satt samlad i sin antigrotta,
och julljusen tändts i en nedsjunken gran,
som förr märkt ut vägen från Knytta till stan.

Ett odjur naturligtvis är sjelfva gubben
och är något ruskig i sälskinnstulubben
som han fick af Olsson till julklapp i år.
- Kanhända en bättre af Lönnberg han får.

Att frun är en orm, har ju länge man vetat
som trogen sitt kön emot strömmen har stretat.
- I afton hon läste med filosofi
i Saxons organ tyst sin biografi.

Och flickan hon liknar sin mamma och pappa,
men har ingen fästman, som henne kan klappa.
- Nu låg hon och läste på stenhård divan
moderna historier af Christer Svahn.

Den halfvuxne sonen ej skulle förlora,
om öronen klipptes. Som segel så stora
de skramla och ramla. Jag vet icke alls,
hvarföre manchetter han bär kring sin hals.

Af hela familjen han fört värsta lifvet.
det framgår af allt, af Bromee blifvit skrifvit.
Och tvifvel ej råda mer kan, gunås! -
Han är den, som skrämde bort flickan i Ås.

Som sagdt denna afton omkring klockan åtta
så började gubben fräsa och spotta,
Det hjelpte ej tala till honom förnuft,
han måste till ytan och att ha litet luft.

Elektriska ljuset det lockar och vinkar,
till staden det gräsliga odjuret linkar.
I glädjen att vara ledig och fri
han sjunger om Geishan på känd melodi.

Han tänker ej alls på hvad qvällen kan kosta.
Men att gammal kärlek ej nånsin kan rosta,
det märkte man nogsamt, när vid ett glas vin
han dröjde sig qvar på Kaféet Helin.

Man har ingen rätt att det odjuret skona -
i fickan det hade allenast en krona,
och den var förfalskad, ty se ock "ein mal"
han fått den i växel, tänk hvilken skandal!

Derföre han måste ta vinet på krita
och lyckades elfvatiden att smita
med stärkta krafter och sinne så gladt,
till Segermarks våning uppe på "stadt!"

Vårt odjur det önskade sig under isen,
ty nu var det ringadt af sjelfva polisen,
som grep i tulubben och sade helt kort:
"I morgon så står ni uppå vår rapport"

Men innan han kastad blef ut på gatan,
kom Burman och sade: "Farväl Leviatan!
Jag tvår mina händer, om någon mig ber
dig hjelpa i afton som Sannare Per"

Visan trycktes till Tomtarnes Basar år 1903
hos Östersunds Postens Tryckeri. Pris 10 öre.

I Skaraborgs län och vid Vättern den sköna
det ligger en stad, som en ros i det gröna.
Den staden av gammalt har namn utav Hjo,
och att den är trevlig – ja det må ni tro.

Om vintern han ligger liksom i dvala,
då blott en och annan ses fisknoten hala;
men sommaren kommer – då bygga och bo
vill visst hela världen uti lilla Hjo.

Ty här är en badort, och den av de bästa,
och ingenting hindrar en smula här festa;
men är man så klen, att för fest sättes: ptro!
så blir man snart frisk och helt kry uti Hjo.

Men Sjöstedt har ordnat så bra uti parken,
för tennis och crocket så passlig är marken,
och gångar där finnas så man kan sig sno
dit bort i "skym-undan" – med? – ja, här i Hjo.

Så slutet må bliva på hela min visa,
att Hjo bör man tacka och lova och prisa;
Ja, låt oss nu bygga en minnenas bro,
och vandra i tanken rätt ofta till Hjo.

För Bazaren den 11 juli 1903

Det är något speciellt med Hjo. Det tycker både vi som bor här och de
människor som besöker oss. Har du en gång fått Hjosand mellan tårna dröjer
du dig gärna kvar, och återkommer gång på gång. Allt enligt ett lokalt ordspråk.
Det är helt enkelt något med den levande trästaden, de vida vyerna över
Vätterns klara vatten och närheten till natur och grönska som gör att människor
trivs i Hjo. Vi brukar säga att vår lilla stad både är en plats och ett sätt att vara.
Lite mer avslappnat, roligare och trevligare.

Källa: hjo.se

𝔑u länge det är...

Nu länge det är se´n jag stränga min lyra,
men nu kan ej längre min sångmö jag styra.
Jag måste ge luft åt min känsla så här:
Köp allt edert skodon i Sjöbohms affär.

Bland skobodar hela välsignade raden,
förvisso den största och bästa i staden.
Där finns uti skodon allt vad som kan tänk´s
för billiga priser, men icke "till skänks".

Och bra kvalitéer försäkras på heder,
ty märk att en fackman förrättningen leder.
Jag ber Eder skynda, det uppskov ej tål,
ty säkert i skorna, Ni har, finns det hål.

Arbetet 1903-10-03

SKOHISTORIA

I socknarna kring Kumla och Örebro tillverkades sedan
länge skor i hemmen på landsbygden. Man tillverkade ett
parti skor som sedan såldes vidare av en förläggare

1844 får uppfinnaren Charles Goodyear ett patent för
vulkaniserat gummi. Vulkanisering är en process
som använder värme för att smälta gummi till tyg
eller andra komponenter för en stabilare, mer per
manent bindning.

1858 Lyman Reed Blake får patent på en specialiserad
symaskin som syr skornas överdel.

1894 Örebro skofabrik startar sin verksamhet.

1899 Humphrey O´Sullivan får ett patent på den första
gummihälen för skor.

Hundlif.

En ukas utkommit från rättvisans höjder,
som göra skall ände på alla hundfröjder,
ty frihet för hundar man stäckt lite grand,
och varje byracka ska ledas i band.

Men "fyllhundar" drabbas dock ej af ukasen
ej heller "fähundar" av människorasen,
ty då skulle själv jag ta snöret i hand
och traska omkring med en sådan ibland.

Nu ser man småpojkarna flyga och fara
på gator och gränder att lägga ut snara
att kovan förtjäna och den som är stor
för infångad hund å polisens kontor.

I norr och i söder, på öster och vester
man samlats och avgivit skarpa protester.
Det säges att många ur led fått sin käk
blott för han försvarat sitt lilla hundkräk.

Scarron
Arbetet 1903-05-13

UKAS

En **Ukas** är ett direktiv från det högsta skiktet i en makt-
organisation. Begreppet härstammar från det kejserliga Ryss-
land. Ukasen eller Ukazen var en proklamation av tsaren,
regeringen eller en patriark, som hade lagens kraft. Före
oktoberrevolutionen 1917 tillämpades termen i Ryssland på
ett föreskrifter eller förordningar, lagstiftande eller admi-
nistrativa, med lagens kraft. Efter revolutionen kallades en
regeringsförklaring: *dekret*.

Man sagt att på två håll kan mänskan ej vara,
men det är ej riktigt, nu vill jag förklara.
Ty mången "figur" som på gatan sig ter
man samtidigt ock på Panoptikon ser.

Där finner man kungafamiljen församlad -
hur än den syns resa - och kronan den är ramlad.
Förstås ifrån flaggstången menar jag blott,
som tronar där uppe så styvt på vårt slott.

Och så Soto Maior man ser där stå förenad
i grupp med en Venus - men hon är förstenad.
Men vad bryr sig gubben om det? Han har flax,
han tar inte intryck, fast hon är av vax.

Från scenen vi ser här en mängd av artister
den ene är gladlynt, den andre är bister.
Herr Nordqvist han sköter dock om harmonin,
och där sitter Fredriksson och herr Hedin.

Herr Willman, fru Edling och Klemming vi finne,
fru Hartman välkomnar den sista därinne;
och svärmande stilla där syns fröken Ek
som lyssnar till tonernas tjusande smek.

Carnot, presidenten, han sitter i salen,
och morsk står där Boulanger, ex-generalen.
Herr Nansen på Grönland syns göra en tripp,
och Stanley syns språka med Herr Tippu-Tip.

Se, Bellman hos Sergel syns glatt kvintilera,
me´ns Gustaf den Tredje syns rekognoscera
med blicken kring rummet - Schröderheim ser,
och tjusas av sånger och henne. Och ler.

Två kejsare, Wilhelm och Fredrik, man finner
den ene är död, den andre han brinner
i feber, och väntas få sluta sin tid.
Och stentryckare Pettersson står strax bredvid.

Märk en som är med och är aldrig den loje
det är kolportören, den trevliga Boije.
Han Figaro står där och bjuder med kläm;
se pressen den har han uppå - sina fem.

Ej någonsin fann man väl folk som är dövare,
där nere i källar´n där "lever man rövare"
Men tala till dem? Jag tror inte det "lax"
ty de, som de andre, är bara av vax.

Text: Björn Cederberg

SVENSKA PANOPTIKON

Svenska Panoptikon öppnade 1889 på Kungsträdgårdsgatan 18 och var ett
vaxkabinett i tiden. Folk-bildning blandades med kuriosa. Figurerna var inte
bara uppställda utan gjordes levande i sin miljö. Det var en attraktion som
både visade händelser som just ägt rum men också historiska motiv, som
Moses som låg i vassen. Här sammanfördes kungar och upptäcktsresande
med förbrytare och kändisar från teatern. Scenerna var ofta dramatiska
ögonblick och innehöll uttrycksfulla gester och miner.

1924 hade publiken hittat andra nöjen och Svenska Panoptikon stängdes. Strax
efter såldes figurerna på auktion, från 1 krona. Många spekulanter var mer
ute efter figurernas kläder som under tidens gång hade anpassats efter rådande
mode. Den som inbringade mest pengar var Andrée som gick för 100 kr.

173

Till val!

En glädjande nyhet jag kan nu bebåda
ty när som jag öppnat min lilla brevlåda,
så låg där ett brev med en valsedel i,
men när jag den uppvikt jag sade blott tvi!

Det var ifrån Mamö valmansförening,
den nya, som inte alls har någon mening,
om jag ville rösta på trenne i stan,
tre gubbar så gamla, men det ger jag fan.

Och inuti brevet där låg en bilaga,
om också jag ville till verket bidraga
och säga ifrån till var vän och bekant,
att välja på dem, jo min själ är det sant.

Och därför ni manas, kärälskliga bröder,
I alla, som bon uppå öster och söder,
och även ni andra på väster och norr,
att ej för vår höger på svansen slå knorr.

Till val då I alle, som kunnen få välja!
Och det blir borgmästarn uti Södertälje,
som vänstern här uppå sitt program har satt,
och han ska jag säga är karl för sin hatt.

Scarron
Arbetet 1904-02-26

Malmö Nya Valmansförening var en av de första moderna
högerföreningarna som bildades i Sverige. Emil August Forn-
mark var ordförande vid det första, konstituerande mötet och
han blev även föreningens första ordförande 1903-1906.

En gladelig visa jag vill för Er sjunga
den gärna må höras av gamla och unga,
om en ny artikel som rimmar på tvål,
men gäller båd denna och såpan *chromol*.

I mödrar och jungfrur som önskar att linnet
blir bländande vitt, läggen detta på minnet
att aldrig i världen Ni hinna det mål,
om inte ni använda *såpan chromol*.

En gammal kemist, som begriper den saken,
han säger att "aldrig jag träffat på maken
till kraft och till vällukt, en välönskningsskål
jag gärna vill tömma för *såpan chromol*!"

En såpa så vacker Ni aldrig ha skådat,
och doften är härlig, men jag ger ett råd att
se noga på omslaget, tryckt utan prål
i röda bokstäver om *såpan chromol*.

Vi hoppas att Japan skall vinna i striden
om blott det förstår att rätt använda tiden
och smörja torpeden så glatt som en ål
och kulor och pansar med *såpan chromol*.

Vänersborgsposten 30 juni 1904

Inom kemien göras nya upptäckter för hvarje dag, och
Chromolsåpan är en af dessa. Hvarje omtänksam hus-
moder bör försöka den. Resultatet blir förvånande och
glädjande. Verkligt dugliga energiska platsagenter med
goda rekommendationer antagas.

Enköpingsposten 1905-04-17

En midsommarlåt

I Bergbackamoen blir Majstång i Juni
med ägg och en ängel med silverbasun i
och dans ska´ vid foten av kullen de trå´
om himmelens molnkullar blott skymta blå.

Och slagsmål, de sagt, det skall bli invid vägen,
där Bergbackapojkarnas kåk är belägen.
Det är om att Per Ola Franssons Sofi
ska´ Pers eller Johan Kristoffers ska bli.

Ja, kanske blir roligt i Bergbackamoen,
där stollig blir kossan och munter blir soen,
där sparven han kvittrar av gamman och fröjd
och skatan ger gapskratt mot himmelens höjd;

Där vindarna susa och blommorna dofta
och ärlan hon trippar i stålljusgrå kofta;
Hon tänker bestämt där hon dansar så rask,
att skaffa åt barnen en halv tunna mask.

Och Johan som firar sin namnsdag, den göken,
han går där och blossar och bolmar i röken.
Han tänker på "henne" med runda behag,
som lovat sin tro just en midsommardag.

Och solen så hög som konung på tronen,
som glänser så mild uppå himlakupolen,
som bligar mot män´skan så nådig och kär.
Hon säger: "Se nu ha vi midsommar här."

Och fjäril´n han flyger som intet han äger,
liksom Sundbybergsflygmaskinen han äger.
Och blommorna nicka med kärligt behag
och viska: "I dag är det midsommardag."

Ja, nu är det midsommardag uti Norden,
då himlen är ljusblå och ljusgrön är jorden.
Då människohjärtat, med intet förent.
Blir liksom en vadd så behagligt och lent.

Gustavus
Hallands tidning 1904-06-23

MIDSOMMAR

Midsommarfirandet är en mycket gammal tradition i Norden. Ursprungligen var det en kyrkohögtid som knöts till Johannes Döparen. Hans kalenderdag infaller den 24 juni och detta var den ursprungliga midsommardagen i Sverige. I Danmark och Norge firar man Sankt Hans (ett äldre danskt namn på Johannes Döparen) den 23 juni och tänder Sankthans-bål.

Biskop *Olaus Magnus* skriver i sin Historia om de nordiska folken 1555: "på den helige Johannes döparens afton ... plägar allt folk utan åtskillnad till kön och ålder samlas i skaror på städernas torg eller ute på fria fältet, för att där glättigt tråda dansen vid skenet av talrika eldar, som överallt tändas".

I Sverige var den 23 juni midsommaraftonens fasta datum ända fram till 1952. Året efter bestämdes att midsommardagen alltid skulle firas på en lördag. Nu är midsommardagen rörlig mellan 20 och 26 juni.

1905

Visa om riksdagsmannavalen lite här och där och om högerns fullständiga fiasko och vänsterns lysande seger i Malmö år 1905

En visa jag ska' nu så ljudeligt gala
om huruleds högern nu är på det hala,
det är så man kan både gråta och mer,
ty vart man än kikar ej räddning man ser.

Pär Pärsson som strejklagen födde till världen
man vore väl skyldig den tacksamhetsgärden
men herre min ge det gick galet till sist
han damp som en torsk för en socialist.

I Oxie, Skytts var det spänning vid valet
och kors i Kristianstad vad det där gick galet,
man kiva och bråka av självaste fan
om målaren Lindberg och herr Mårten Dahn.

Herr Kristiernsson och Sommelius stredo
om riksdagsmandatet och vore ju redo,
men ack det blev klagan och gnisslan och sorg
ty "Lukas" blev riksdagsman i Helsingborg.

I Stockholm där kungen får stolt presidera
men socialisterna vilja regera
för högern det riktigt åt helsike gick,
ty vänstern erövrade lätt alla trick.

O Malmö, O Malmö, du stolta, du sköna
du ligger så lugn som en värpande höna,
men den som påstår att du ej följer med
är skapt uti nacken som Skruflösa smed.

Nej här gick det hett till det ska´ ni få höra
här ställdes ju till en förskräckelig röra
men striden den stod om jag tror dock till sist
en brännvinspatron och en socialist.

En tidning som visste hur hon ville ha det
det var ju egentligen Skånska Dagbladet,
men hur hon i vånda sig formligen vred,
så fick hennes lista dock ej vara med.

Den tidning som kacklade in i det sista
för högerns så feta och präktiga lista,
hon gjorde fiasko också med besked
och därför i grämsle hon ock sig vred.

Arbetarna gnodde och gnodde och gnodde
och uppå sin seger de även ju trodde
och listan de stredo för segra med glans
den andra kom med nästan blott som en svans.

På somliga ställen det hänt har så galet
att man överklagat utgången av valet
men kors i Kristianstad det värre blir då
om det blir fiasko vid omval också.

Nisse L.

En mycket backer och fägnesam visa
Engelholms stad och Utställningen tillägnad

Mig lyster att sjunga en gladelig visa,
vari jag utställningen särskilt vill prisa
För sådant ett möte med folk och med fä
man i Engelholm aldrig förr har fått se.

Det var både Åsbo och så gamla Bjäre,
som alla ju vet gamla baddare äre,
de hade beslutat att ställa igång
ett kreatursmöte uti Stora Vång.

För att kunna sätta det där uti verke´
fick Boltenstern, Åkesson, Konsuln och Bjerke
ett rasande göra att ordna det så
att mänskor och djur var sitt rum kunde få.

En sak höll dock på för dem gå rakt åt skogen
Man syntes ej här kunna få plats för krogen,
ty fastän man vet, sanning ligger i vin
sa somliga att uti det ligger hin.

Men så kom herr Körner, ni vet, arkitekten,
och byggde en krog upp med torn utav läkten
och fast tornet ramla´, stod så mycket kvar
att för en smålänning tillräckligt det var.

En annan nöt var lika svår till att knäcka
det var Östergatan, som man ville sträcka
till stadens försköning; men som ju är känt,
så ville nog Hjerke, men alls inte Wendt.

Dock trots Östergatans ofärdighet skedde
att staden i all sin glans ändå sig tedde
så alla de tusen, som såg´et, de sa´
de aldrig sett maken till Lergökasta´.

Men så har man också här mitt uti staden
en palm som utvecklar de stiliga bladen,
och utan dem allt lär nog mista sin glans
ja, vad vore staden om palmen ej fanns?

Här vore än mycket för mig att besjunga
men torr är min gom nu och likså min tunga.
Jag därför mig närmar mitt slutliga mål
och dricker för sta´n och utställningen! Skål!

Calle Z.
Engelholms Tidning 1905-08-09

STAVNINGSREFORMEN 1906

Under hela 1800-talet tillämpades det som vi numera benämner som gammal-
stavning. 1906 genomdrev ecklesiastikminister Fridtjuv Berg en stavnings-
reform som vann gehör. Selma Lagerlöfs bok *Nils Holgerssons underbara
resa* trycktes med den nya stavningen.

Boken kom ut i två delar 1906-1907 och lästes av alla svenska skolbarn. Den
skrevs ursprungligen som läsebok i svensk geografi, men fick stort inflytande
över den nya stavningen i Sverige. Stavningsreformen 1906 rörde stavningen
av v- respektive t-ljudet. Den innebar kort sagt att bokstäverna f, fv och hv
som beteckning för v-ljudet ersattes med ett enkelt v och att dt som beteckning
för t-ljudet ersattes med ett eller två t.

hvad - vad	hvilken - vilken
öfver - över	äfven - även
bref - brev	af - av

181

Nu nalkas julen

Nu nalkas julen och jag skulle köpa
båd' skor och galoscher, men vart skall jag löpa?
Var kan jag få köpa båd' billigt och bra?
Ty skodon i massa jag nu skulle ha.

Först lillan, som föddes i juli jag ville
de första förära, sen kommer den lille
bror Adolf, som fyllat tre år, även han
behöver sig skor, som är starka, minsann.

O' så snälle Paul, som i år börjat skola,
och se'n kommer Anders o' Lotta o' Ola,
De alla behöver galoscher och skor.
Ej heller förglömma jag bör far och mor.

De senare vill jag ock morn' skor förära,
och så gamle farfar och mormor de kära
jag filtskor vill skänka så varma och bra,
de äro så goda för alla att ha.

Jag vill ut till Sjöbohm på Söder mig vända,
ty där finnes "skodon förutan all ända",
båd' billiga, starka och vackra och bra,
just sådana alla så gärna vill ha.

Nu lyssnen go'vänner, jag eder förtäljer
adressen på mannen, som detta försäljer,
jo, Sjöbohm på Söder, I minnens det ju,
på Södra Förstadsgatan trettiosju.

Arbetet 1905-12-21

Realisations-visa

Ett sätt som man tycks här och hvar praktisera
Det är ju, go vänner att realisera.
Den som till en vexel, förfallen ej har,
Han realiserar och mynt strax han har.

Af tygräckor bitar man många utklipper,
Ty man är ju glad, om man bara dem slipper;
Om kassan är tom är det knuten ju då
På ett eller annat sätt mynt i den få.

Förtjensten på så sätt alldeles försvinner,
Men så vid tillfälle man det åter vinner,
Man tager i regeln för strunt bra betalt,
Då det med kommersen ej går allt för skralt.

På nyåret lagret ju skall inventeras,
Och just då behöfves det realiseras,
Ty björnar och räkningar, vexlar och mer
Man i perspektiv mycket nära ju ser.

I hvarje butik en reklamskylt nu gliser.
Att under man säljer och till inköpspriser
Och om man blir lurad man går dock i tron,
Att billigt man köpt på realisation.

Skohandlarna alla ha enorma lager
Hvad gör det om etthundra par då man tager
Om foten till pressylta blir uti skon
Gör minus, de köpts på realisation.

Realisationsbyrån tråda nu valsen
Det är ock ett ondt, som vi ha fått på halsen,
De framtid nog ha, ty det hör ju till ton
Att hvarje dag gå på realisation.

Nisse L.
18 januari 1906

Patron Petterssons stadsresa

Så hett skiner solen på åker och ängar
i solbadd och svett bada pigor och drängar
att skörden inbärga åt hemgjord patron,
som gormar och skriker med myndig fason.

Herr Pettersson yvs över skylarnas rader
och över de väntade stora intrader
Han blåser upp skinnet av mätthet och fröjd
och dumdryg han är och brutal och förnöjd.

Herr Pettersson ställer sig bredbent och säger
åt drängen: "Du Janne, du säden uppväger
och lassar att köra i otta till stan,
själv kommer jag efter i gigg fram på dan.

Och pustande in på kontoret han kliver
där flitige grosshandlarn sitter och skriver
Och pengar han får och till krogen han styr,
där vännerna träffas och punschen är dyr.

Och natten sitt mystiska dunkel utbreder
kring gator och gränder. Och väggarna leder
vår tjocke patron, som lagt pengarna kvar
på krogen och barlast i magen nu har.

Men drängen drack vatten, kom hem och åt gröten,
satt uppe och vänta patron-fyllestöten,
som svärjande kommer i morgonens sken
med borttappad häst och på osäkra ben.

Poem och visor om Samhällets bakvändheter
af Jan Jansson
Fjärde samlingen

184

På Falkenbergs marknad det var häromdagen
en bonde från Abild som blev lite dragen.
Han tittat för djupt uti glaset och nu,
med otidigheter bemöter sin fru.

Så skickar han henne en sak att uträtta,
och passar själv på att vid tillfälle detta,
att hästarna spänna för vagnen för att,
sin hatade hustru nu spela ett spratt.

Men när han på vägen har kommit ett stycke,
han tycker han ej fått tillräckeligt mycke´,
av den svenska nektarn han håller så kär,
och därför tillbaka till krogen det bär.

Men när han till färdknäpp där tog sig en knaber
då hände utur hans beräkning ett aber.
Hans gumma kom till och fick tömmarna fatt,
och genast åt Falkenberg sade godnatt.

När gubben omsider kom ut hörs han brumma.
Ty borta var skjutsen, och även hans gumma.
Han hade åt gumman sin ju grävt en grop,
men själv fallit i den, det var alltihop.

"Nils Knös"

Ett gammalt original från Sönnerslätt i Skåne, känd af många.

Nils Knös var en äkta skånsk tiggaregubbe,
som framför allt annat värdera en nubbe
och varför han kallades jämt för "Nils Knös"
var troligen därför han var en sån fjös.

Han hade en flöjt vari ständigt han pipa
fast han ej musik nånsin lärt sig begripa,
men skalan han blåste förutan reson
fastän de var falska varendaste ton.

Och äta han kunde för två, tiggargubben
helst då han blev bjuden uppå lilla nubben
Ett fat gröt för Knös var en ren bagatell
att ta som dessert varje eviga kväll.

På en gammal märr skulle Knös en gång rida
men just för den sporten han länge fick svida,
ty uti en dynghög han ramlade av,
då märren hon plötsligen satte i trav.

"Prinsessan från Bosarp" till fästmö han tog sig,
men på hennes fägring Nils Knös nog bedrog sig,
ty fulare kärring i Skåne ej fanns
och Knös pretendera en skönhet till tjans.

Lars Anders en dag skulle ha höstagille,
men Knös också med på ett hörn vara ville
O därför den stektaste gåsen han tog
och till sin prinsessa från Bosarp han drog.

När han om logi skulle hos någon ställa
han sa: "där jag lå´ sist där va´ de så snälla
jag låg i fjärdynor, ja de va nånting
så bossed i sängen de sto´ runt omkring".

Av bibelspråk hade på lager han många
minst hundrade stycken båd´ korta och långa
och nu ett exempel från högen jag tar:
"Den som illa gör" han påstod att "han far".

Det sägs att till himlen han for på en kärra
förspänd med en gammal spatthaltande märra
sin flöjt fick han med sig jag antar också
och blåser i den nu för änglarna små.

31/1 1909
Nisse L.

TIGGERI

I äldre tid begränsades tiggeriet med att tiggaren var tvungen att ha
ett tiggarpass. Det var ett intyg som från 1500-talet gav en till arbete
oförmögen person laglig rätt att få tigga (bettla) till sig sitt uppehälle.
Tiggeri med tiggarpass ersattes efter 1817 med rotehållning av
fattiga. Tiggeri utan giltigt pass, så kallat olovligt bettlande, betrak-
tades som lösdriveri. Tiggeriet förbjöds i lag den 25 maj 1847.

Tiggare som ansågs arbetsförmögna bestraffades med tvångsarbete
och sattes på fästning eller spinnhus. Fattighjon, som inte kunde
arbeta, fick i stället gå rotegång, de fick bo omväxlande på olika
gårdar eller i fattighus.

Mellan 1885 och 1965 var tiggeri reglerat i lagen om lösdriveri,
underlåtenhet att ärligen försörja sig. Lösdrivare dömdes i allmänhet
till straffarbete. Lösdriverilagen ersattes 1965 med en lag om sam-
hällsfarlig asocialitet, vilket också innefattade tiggeri. Den lagen
avskaffades i sin tur 1981.

1911 **Bå̊d' farsan och morsan och brorsan och jag.**

På Söder där stunsiga fjellan mig tjusar,
i gränden, befolkad av bussiga busar.
Där bo vi, där leva vi livet i lag.
Båd' farsan och morsan och brorsan och jag.

Två kåkar från Grand restaurang Masis knosis
där gubbarna vaska sin tuberkulosis.
Vi hämta en meter varendaste dag,
Båd' farsan och morsan och brorsan och jag.

Där skråla vi kväsarevalsen med giga
så låten far upp genom skorsten till Riga.
Där slåss vi som oftast med lust och behag
båd' farsan och morsan och brorsan och jag.

Snart kommer en byling och lägger ut giller
ty jag har för bus fått mej två dussin piller,
men kommer han smocka' vi till 'en ett tag
Båd' farsan och morsan och brorsan och jag.

I går slog mej farsan i klumpen med käppen
men morsan med honom med smockan klöv läppen,
vi söp och vi slogs och fick roligt ett tag.
Båd' farsan och morsan och brorsan och jag.

Men läppen på farsan har svårt att sej läka
så att varken snus eller mat han kan käka
men ändå vi le åt vårt skojiga lag
Båd' farsan och morsan och brorsan och jag.

Snart ägg ska vi köpa till påsken, den sköna
ty morsan min har varken tupp eller höna
och sen ska vi nubba och nappas ett tag
Båd´ farsan och morsan och brorsan och jag.

Ja, så plär vi fröjda här hemma på Söder
och fagra och klappa tills snusburken blöder,
ty blod har vi mastigt av hetaste slag,
Båd´ farsan och morsan och brorsan och jag.

När levnadens minka´ varpå man ej jäskar
har slutat att schava, och döden oss önskar,
i körr´gårn vi alla oss knyta en dag
båd´ farsan och morsan och brorsan och jag.

Hornsgatan 116 - Hornstullsgatan 2, 1900-1925

Objekt-ID Stockholms stadsarkiv
SE/SSA/1311/ Rådet till skydd för Stockholms skönhet /D7:4

189

Lundströms erfarenheter i Amerika

I Stockholm på "Tennknappen" satt jag och titta
och trodde att kopporna skulle mig smitta.
Då tänkte jag: "Lundström, ditt koleralik!
ta´ du och slink över till Grants Republik."

Så fick jag biljett och en plunta på fickan,
(Den sista som hjälp mot den elaka hickan)
tog avsked av krögarn och blek som ett lik
satt´ kursen direkte på Grants Republik."

Jag visste att Pettersson konditionera´
i New York och gjorde syrtuter med mera.
"Vassera!" jag tänkte. "Du glada fysik,
dig ska jag ta rätt på i Grants Republik.

Och se´n kan man tänka att "Pettersson undra"
och vart uti synen "så flat som en flundra"
när Lundström dök opp i hans fina fabrik
med ränsel och knölpåk i Grants Republik.

Så frågte han mej om jag ville ha "lager",
men jag svarte: "Sällan. En kallsup jag tager."
Så bjöd han på whisky. Den drog som en spik,
och jag fatta tycke för Grants Republik.

Men Pettersson skratta´ åt ränseln och påken.
Och bad jag´ en vänligt: "Dra du för hin håken!
om var och en yankee ...s ä´ lik,
behövs nog en knölpåk i Grants republik.

Jag kom till Chicago med tåget i höstas
den tiden då här skulle väljas och röstas.
Jo, då, ska´ man tro var här väsen och skrik,
men det hör till pjäsen i Grants Republik."

På kvällen förstås, var jag lite på "kulan",
och "sejdvåken" kändes så hal under sulan.
Man bliver så livad för all politik,
när man är "på kulan" i Grants Republik."

På "klubben" hölls "massmöte". Dit jag mig kryssa
och bad "presidenten" på örat mej kyssa.
Han går som han slukat en 10-tums spik,
se´n han börjat tulla i Grants Republik.

Där satt våra "ledare", likaså dumma
som Petterssons "ledare" - fast ej så stumma.
De pustade väder (*hoc est*: politik),
se´n mådde de illa i Grants Republik.

Och "folket" stod tyst, medan "ledarne" talde,
och menlöst de tjockaste ankrona svalde.
Men jag miste smaken. Min klena fysik
är visst inte skapad för Grants republik.

Och när jag en stund stått och grubblat på saken,
så tog jag en "knorr" för att skölja ned smaken.
Se´n kryssa´ jag ut med en annan klassik
och titta på gasen i Grants republik.

Logis fram på natten fick jag i en finka,
för jag var så säll att jag knappt kunde blinka,
Och dagen därpå stod jag, blek som ett lik,
och trampade lera i Grants republik."

Se´n dess har jag gått här i staden och supit
och ofta den satans polisen mej nupit,
för *språksinne* finns ej i Lundströms fysik,
men *påksinne* fick han i Grants republik.

191

Men nu har jag tröttnat på hela kommersen,
för rocken den sjunger på sistaste versen
och flaskan ä´ tom, och ett ynkeligt skrik
hörs jämt ur min mage i Grants republik.

Jag tror, jag ska fara te kejsarn i Kina,
där får man kinesa på bolstrarna fina
och dricka cliquot af Kinanders fabrik
och må som en gök mitt i Grants republik.

Om här man begär ett stop brännvin "på krita",
så tror var och en, att man vill honom "chita"
och arbeta ska man, om man vill bli rik
Nej, jag tar min hand ifrån Grants republik!

Under åren 1840 till 1930 utvandrade över 1 miljon svenskar till Amerika.
Utvandringen var stor under missväxtåren 1867 - 1868, men störst var den
1887 då över 50.000 människor lämnade Sverige.

Teckning från "Ny Illustrerad Tidning"

Evighetsmaskinen

Uppfinningar göras på områden alla.
Men mest i den stora idéen vi kalla:
"Per petu Mobile," dess namn är ju känd
av unga och gamla i tidernas längd.

Si saken är den att millioner kan tjänas
om blott den blir hopsatt att hjulen de enas,
att icke de stanna i tidernas lopp -
sig själv ska den draga, sig själv - passa opp.

Man hör allt som ofta i tysthet berättas:
Maskinen är färdig, ska bara hopsättas.
Ibland sägs den "raringen" hjular åsta
men - bromsen - då fattas, som aldrig blir bra.

Väl något tycks spänna i Centrum och Lager;
uppfinnare-kåren den här bliver mager.
För övrigt om någon kan få den att gå,
nog slits den med tiden, får anlag att - stå.

En gör den av järn och en annan av läder,
en gör den av ståltråd, en annan av bräder,
en ann' utav mässing, magnet, Celluid;
Ja, gå ska den göra, så tros det alltid.

Och kovan den rullar och tankarna ila,
det sista av kovan får inte ens vila,
nej, allt vill uppoffras på denna maskin;
som lönar ett snille - jo, tack! din maskin.

Av M.H.C.

Jo, saka var den, att min kärring börja bråka
och ville burdus liksom herrskapsfolk åka,
och vår gamla trilla va´ int´ nog schangtil,
så ho´ skulle prompt ha en antermobil.

Jag börja naturligtvis straxt protestera,
men käringa ha vant sig att själv få regera,
och jag fick ge in, jag min gamle stofil,
och gick bort och hyrde en antermobil.

Först fick jag en läxa, där bort i butiken,
om skötsel av antermobilmekaniken,
men hyrkusken gav mig ett leaste smil,
då jag åkte bort i hans antermobil.

Men löckligen kom jag te´ sist fram te´ gåla
och käringa mi´ stod i siden och pråla,
jag stanna maskin, ho´ for in som e´ pil
och skrek: "Här ska nu åkas antermobil!"

Allt gårdsfolket stod där omkring oss och flina
och bocka sig för att vi blivit så fina
och prästamor satt så morsk och trankil,
som om ho´ alltjämt åkt i antermobil.

Så vred jag på krana som släppte på krafta
men olyckligtvis jag då blanda bort skafta,
maskinen tog skutt och for av som en pil
men baklänges gick nu vår antermobil.

Och käringa skrek och ho´ höppa och skaka
och jag vre´ på kranera fram och tebaka,
de´ raspa och gnall som en plåt mot en fil,
men ingenting stöppa vår antermobil.

Vi vrängde iväg ibland fölke och fäna,
och körde så rakt opp i hugget bland träna,
och där mellan stubbera, fast som en kil,
där satt vår eländiga antermobil.

Och käringa, ho´ blev liksom slagen av skräcken,
och höppa från bilen på huvud i bäcken,
och vatten och skällsord flöt som ur sil
det landa´ på mig och min antermobil.

Sist loma vi båda te´ bakers te´ stuga,
härnäst lär nog Brunte och trilla få duga.
Jag tror int´ att käringa mi´ blir så schangtil
att åter ho´ frestar på antermobil.

Stockholm 1915
J.Kronvalls Förlag

Det blivit ju övligt dens runa att rista,
som går, därför hövligt jag vågar mig drista,
att rimma om Widmark som förman, kamrat.
Som vördsam välmening från mig bör han ta't.

Vid Hemsö skall stärkas försvaret det fasta.
För oss skall det märkas, ty Widmark skall hasta
ditupp för att taga dess ledning om hand,
och titta till eldning och städning ibland.

Det blev här hans lott hans se när brasan tändes,
att ej »Kunglig Flottans» tändstickor användes.
Om någon i Hemsö till sin rökelse
dem brukar, visst får han svår hemsökelse.

Du kom med Del III, nyss levrerad från trycket,
och det var väl dä'för vi saknade mycket
bestämmelser om fortchefs göra och makt,
som nu i Del III är så utförligt sagt?

Om mer du dig ägnat för klädsel och titel,
helt säkert du fägnat oss med ett kapitel
om ny uniform, så att inte för dä',
behövts att tillsättas en ny kommitte.

Om sommaren hände, när sol'n stod i zenit,
att saknad vi kände, förty det var benit,
att nå bataljonschefen pr telefon.
Det gick på sin, höjd träffa på Erikson.

Vi visste bete oss, ty med det vi ville
beslöt vi bege oss att anförtro Bille.
Att bistå med råd var han alltid beredd,
han i bataljonschefs mantilj blivit klädd.

Om nå'n tog sig för, persedlar förskingra,
så höll du förhör. Sökte någon sig slingra,
från morgon till skymning han hölls i ditt våld,
och nog kom det fram, var persedeln var såld.

Vi tacksamhet hysa för arvet vi lyfta,
ej höves upplysa, på vilket vi syfta.
Vi mena vår nya regmentsinstruktion,
som krävt för dig möda jämväl permission.

Om platsen du lämnat blir ersatt? man spörjer.
För hur man tillämnat, krigsledningen sörjer.
Men tomrummet i vårt kamratbröst
jag vet ej kan fyllas av Kungliga Majestät.

ÄVENTYR VISOR PÅ GÄNGSE MELODIER
AV GUSTAF NORDQVIST. KARLSKRONA.
Överstelöjtnant Olof Widmark.
Vid avgång till kommendantskapet över Hemsö. 1917.

En ynkelig visa jag önskar att sjunga
med anda och själ och med kropp och med tunga,
med hjärta, med strupe, med hals och med ton -
och ämnet för visan är - PROHIBITION.

I dagar, som flytt, tänk, vad nöje det skänkte,
när gnistrande vinet i bägarna blänkte
och när man sin dos tog alltefter person -
men nu är allt slut, utom - PROHIBITION.

Betänk blott, gott folk, vilken fröjd för en öga,
att skåda framför sig ölsejdlar SÅ höga
samt nubbar i massa av rundlig ranson -
och allt tagits bort genom - PROHIBITION.

Ja, nu hela landet är torrt som en öken,
och borta är knabern och kasken och kröken;
säj, är det nu inte en ledsam fason ,
varpå man behandlas med - PROHIBITION.

Låt dem, som så vilja, få pimpla sitt vatten
och slaska med kaffe till långt inpå natten,
men jag är förgrymmad, och det med reson,
alltsedan vi fick våran - PROHIBITION.

Jag fruktar med skäl att mitt hjärta ska´ klicka,
om snart jag ej får något starkt till att dricka,
ty spriten den höll mig i god kondition,
men nu är jag sjuk, av Er - PROHIBITION.

Hur kan man väl annat än klaga och sörja,
vid tanken på soda och liknande smörja,
som ersatt det goda, som fanns på saloon´-
ja, Gud sig förbarma, så´n - PROHIBITION.

Säg, minns Ni den härliga, ljuvliga bläckan
som inföll i regeln i slutet av veckan,
vid foten av Bacchus´ förföriska tron
då inte vi drömde om - PROHIBITION.

Jag är så förskräckligt av vånda betagen
och väntar med jämnmod på yttersta dagen,
med präst och med blommor och likprocession.
Jag vill inte leva - med PROHIBITION.

Den häringa visan jag själv haver diktat,
min redliga mening jag för Er har biktat.
Jag dricker Er skål uti saft på citron;
det enda som bjuds, under - PROHIBITION.

ANDERSON, PETERSON OCH LUNDSTRÖM I AMERIKA

1920 presenteras i Amerika: *Anderson, Peterson och Lundström,
Folk-Komedi i fem akter*. Det är "Frans Hodell´s original omarbetat,
modärniserat och försett med nya kupletter av Ernest A. Spångberg"

Det här året inleds förbudstiden i Amerika. Den varar under åren
1920-1933. Visan innehåller en vänlig blinkning till originaltexten
från 1858. Andra versen inleds med :

> *I dagar, som flytt,*
> *tänk, vad nöje det skänkte,*
> *när gnistrande vinet*
> *i bägarna blänkte*

199

På himmelen vandra sol, stjärnor och måne
och kasta sin fagraste glans över Skåne
på höga, på låga, på stort och på smått,
på statarens koja och ädlingens slott.

Portaler och tinnar förvittra och ramla
och ständigt det nya förjagar det gamla.
Men högt över vajande vete och korn
syns än krenelerande murar och torn.

O, fästen och borgar, o, grevskap och gårdar
där än traditionerna troget man vårdar
ert lov vill jag sjunga för land och för by
och låter er alltså passera revy.

Se, månstrålen in genom blyrutan faller
och tecknar på golvet det järnsmidda galler.
Skön jungfrun hon drömmer i majnattens ljus
att friaren kommer till Glimmingehus.

På utflykt till Bokskogen Malmöbon glor upp
mot raden av strålande fönster på Torup.
Att smaka på kaka som bakats på spett
dig ber hennes nåd, friherinnan Coyet.

Där rådjuren skymta bak´ vitgråa stammar
man ser Toppela´gård med broar och dammar.
Systemet på sprit och på skatterna sta´n
där lurar belåtet fiskalen Aschan.

Med port genom huset och gamla kanaler
lyss Skabersjö ännu till jaktens signaler.
Själv kungen i nåder far dit från sitt slott
och skjuter fasaner med grevarna Thott.

Och därefter hälsar han på baron Trolle
och jagar och spelar sin sang och sin nolle,
allt medan baronens gemål plockar gräs
åt rastupp och rashöna på Trollenäs.

Där salarna fordom ha ekat av skrammel
från sablar och sporrar, går Hans Otto Ramel.
Till sitt Övedskloster med glädje han styr
från hushållningssällskap och skogsvårdsbestyr.

Hans frände på Vidarp förväntansfullt hoppas
att storken skall komma då pilarna knoppas.
Bland rekreationsfria ayrshire-kor
patronen på Gårdstånga-Nygård sig snor.

På storkarna tro också Borgebys herre
fast de här i Skåne för vart år blir färre.
När parken vid Borgeby doftar viol
då stämmer Ernst Norlind sin träskofiol.

På Ellinge härskar bland slotts-spökens skrangel
herr överhovstallmästaren Fredrik Wrangel.
När parken vid Ellinge doftar av slån
då stämmer om arvet man Wrangel med son.

Till lugnet och vilan från dammet och möget,
till Skåne från Stockholm far Hans Kunglig Höghet.
Han längtar till lunden där sipporna gro
och drömmer om Sundet och Sofiero.

Från trollen som dansa på sviktande gungfly
stolts riddaren rider med hornet till Ljungby.
Skön jungfrun hon frälste den junkern och då...
men det är programmet för nästa tablå.

Hjalmar Gullberg
Bengt Hjelmqvist

HJALMAR GULLBERG

Hjalmar Gullberg föddes i Malmö 1898. Hans föräldrar var "bättre folk", som det hette på den tiden. De var inte gifta och sonen föddes i hemlighet för att sedan överlämnas till Elsa och Bengt Gullberg som tog hand om honom mot en månatlig ersättning.

Som ung dominerade hans musikintresse och hans instrument var fiolen. Han satte musik till svenska och utländska diktare. Till sin egen överraskning, tycks det, blev han själv poet. "Sensommaren 1919, vid 21 års ålder, började jag utan föregående varning skriva vers." 1927 debuterade Gullberg med diktsamlingen I en främmande stad.

Framför allt under 1930- och 40 talen kom flera diktsamlingar ut, bland andra Kärlek i tjugonde seklet 1933, Ensamstående bildad herre 1935 och Fem kornbröd och två fiskar 1942.

Hjalmar Gullberg, som gick ur tiden 1961, har kommit att bli en av våra mest folkkära diktare.

Svenska slott och herresäten

Ejnar Westling

Jag nu som en forntida bard tager lotten
och vill här besjunga en del utav slotten
som pryda se´n gammalt vårt älskade land
från Mälarens bygder till Öresunds strand.

Det slott som vi alla just nu mest har lust av
det är det som hyser vår lille Carl Gustaf.
Vårt Haga det sköna vid Brunnsvikens våg,
en fagrare plats fader Bellman ej såg.

På Drottningholm konungen bott genom åren,
där firar han julen, där möter han våren,
förrän han till Tullgarn sig slutligt beger,
när högsommarsolen på himmelen ler.

Vår konung på Ulriksdal bor med sin maka
var höst och var vår de dit vända tillbaka,
ty ljuvliga minnen dess salar bebo
långt mer än man äger av Sofiero.

På Glimmingehus skriar ugglan i tornet
och Ljungby bevakar båd "pipan och hornet"
så att inte trollen dem taga igen,
som en gång de gjorde för rätt länge sen.

En kärlekens sång ifrån Gripsholm det klingar,
kung Erik sin längtan till Karin än bringar
när månen i natten sitt silver där strör
det är som hans klingande luta man hör.

Det bor romantik över slotten i Norden
långt mera än någonstans här uppå jorden.
De stå såsom minnen från tider som flytt
och vad de för landet en gång ha betytt.

203

Den finurliga damen

En duktiger tös ha vi läst om i "blana"
som skulle gått framåt på köpmannens bana
om blott hennes sinne fått rikting däråt,
nu kom hon att vandra på oärlig stråt.

Vid nitton års ålder hon började valsen,
hon "köpte" sig smycken till armar och halsen
i Stjärnhof hon bodde och hette "fru Phil",
ja, det var en tusan till fru så sjangtil.

Ett silverschatull dit man strax skulle skicka,
mot förskottsbetalning, det skulle ej klicka.
Men skrinet kom åter till handlarens bod,
där man nu så tämligen slokörad stod.

Som ung officersfru härnäst opererar
vår fröken Borell som nu modigt pläderar,
för smörköp, och pengar hon får uppå hand.
Med smörköpet gick hon dock aldrig i land.

Hon stiger i graden till ung friherrinna
med samma hon hunnit ett sätt att utfinna
en pälsvaruhandlares hjärta hon nöp
Hon fick garnityret, det var inget köp.

Med "Stjärnspets" det gick ju så lätt och behändigt
man slapp ju allt tarvligt och lågt och eländigt,
en hatt från en damkonfektion fick hon ock,
man vet dock ej om, medels lock eller pock.

Lektorska från Uppsala stad blev hon sedan
gick in på ett conditori uti medan,
hon ville så gärna få smörja sitt krås.
Beställa en tårta mot förskott förstås.

På kvartstusen kronor en tanddoktor blivit
av lektorskan lurad, vad hon honom givit
ett flott löfte endast att anskaffa smör
Jo sådana äro en del unga mör.

E - d.

STJÄRNHOV STATION

Stjärnhov station ca 1900 Fotograf: Erik Theodor Lindblom 1847-1921

Förklarenga

Jon Tyerschas Kari har klubber te hänner,
en mun sôm ett lagôlv å trasuga tänner,
ett närapå kvarterslångt snuskammarstak,
å bre sôm e logadörr ä ho där bak.

Å ettersôm ho inte hör te di blia,
så ha inga karar ho fått te å fria,
fast riker ho ä, utan mor, utan far
å engenteng önskar sej mer än en kar.

Sist ändå en freda i prostegårns kammar
ho står å mä hjärtklappneng hackar å stammar.
Ho synns på en pôjke från grannsockna dra,
å ärne dä ä, att di lysneng vill ha.

Förbluffater att de ha löckas för Kari,
vars möa så lönlöser hit te dags vari,
når giftas dä gällde, gör prostafar då
e granskneng åv pôjken å säger sôm så:

"Mi lyckönskan, Kari, du har te få make,
men just nu den här hör så klart te di slake,
att lysneng mä honom du inte kan få:
han ä ju fuller, så knafft han kan stå."

Å Kari ho börjar te be å te grängna:
"Å, var inte håler, å, löcka mi hängna!" -
Men prosten han svara: "Um fredan igen
du hit kan få kômma å mäha din vän."

Å ôg di då kôm, kôm mä bång å mä buller,
för fästeman´ nu va jämmerligt fuller,
att Kari fått bruka den yttersta flit
för att kunna släpa mä karkraken dit.

Nu vart gamle prosten bå röer å bleker:
"Ja, sannerligt tror, att du går här å leker
mä Gud å hans bud, mä hans körka å mej.
Jag kan mej omöjlitt begripa på dej!

Förklara mej hur du kan göra så illa -
du hit mä e fyllkaja två gånger villa?" -
"Ack goesta prosten, dä ä just för dä,
att - når han ä nykter, han inte vill mä!"

> *snuskammarstak: näsa*
> *ärne´: ärendet*
> *grängna: gråta*

Bönnera där hemma, Viser på Närkesmål. dektade åv J. L. Saxon
Nutidens förlags AB Stockholm tryckt på Såningsmannens AB:s
tryckeri året 1922 (andra upplagan)

Johan Lindström Saxon (1859-1935) började sin journalistiska
bana på tidningen Nerike i Örebro 1880. Han var därefter redaktör
för flera dagstidningar: Arbogaposten, Nya Arboga Tidning, Jämt-
landsposten och Norrlänningen. Han var redaktionssekreterare för
Arbetet i Malmö 1890–1891, samt ägare av och redaktör för Jämt-
lands Allehanda där han använde signaturen Saxon. 1889 skrev han
skillingtrycksvisan Elvira Madigan.

År 1904 lämnade han Östersund och flyttade till Stockholm. Här
startade han veckotidningen *Såningsmannen* i december samma år.
Tidskriften lade grunden för ett förlag, med namnet Saxon &
Lindströms förlag från 1928. Livet ut var Johan Lindström Saxon
en hängiven hembygdsvän.

Dä´ fan va´ dom lever uti Filipsta´

Ack liten ä´ staden, men stor ä´ han Dahlen
jag läste i bladen om sista skandalen
Jag hörde´t av alla bekanta som sa:
    De´ fan va dom lever uti Filipsta´!

Här stämmer den ena den andra, den andra,
han är inte sämre, man stämmer varandra
så "stämningsfullt" ä´ de´ , eller vasa?
    De´ fan va dom lever uti Filipsta´!

Ja Herre min skapare va´ dom spektaklar
S:t Georg har väpnats med drakens tentaklar
han sporrar sin häst mest vareviga da,
    De´ fan va dom lever uti Filipsta´!

När jag exercera beväring jag tjänte
i 300 dagar vid Dalregemente
De´ Dalregemente en småsak blott va
    mot - fan va dom lever uti Filipsta´!

Jag hade en släkting, som kanske jag ärver
han reste på cirkus som "man utan nerver"
hit kom han, här dog han av nervchock, ack ja
    de´ fan va dom lever uti Filipsta´!

Fabian - Nils Ferlin
Kuplett ur Filipstad - Himlen via Pålandsvägen, Höstfluga 1922

Jag har sålt mina visor på nöjets estrader
och Gud må förlåta mig somliga rader...
Under åren 1918 till 1930 skrev Nils Ferlin en hel del texter
för revyscenen. Musikaliskt använde han sig då av äldre
vismelodier som *Fröken Agnes, Kom kyss mig i natt* och förstås:
Sandahls kanon.

Nog bör man göra det lilla man kan

Förlåt mina vänner, jag mej presenterar
i glädje och gamman jag sällan fallerar.
Min sångröst är skral, så det skriker iblann,
men nog vill jag göra det lilla jag kan.

En fästmö jag har huru länge det varar
rätt galen i mej som i övriga karar.
En smiska jag till så det blixtra och brann
för nog vill man göra det lilla man kan.

En dag var jag uppe hos stadens atleter
och fingra på stänger och allt vad det heter.
Sen lyfte jag ledigt - tre droppar på tann
för nog bör man göra det lilla man kan.

På boxare blev det rätt soprent i Sverge
och borta i USA flög Widden på berge.
Men Bergmästar Nordkvist där har ni en man,
som nog skulle göra det lilla han kan.

För svenskarna är ändå inte så klena
och Grosshandlar Viktor är duktig i bena.
Att Nurmi behändigt bak ryggen försvann
på det vill jag hålla det lilla jag kan.

Fabian - Nils Ferlin

1929 skrev Fabian (Nils Ferlin) en text med boxningsinnehåll
till en känd melodi, Sandahls kanon. Den Widden som nämns
är Johnny Widd, Hugo Widlund, som föddes 13 november 1907,
som blev proffsboxare 1927 och boxades 17 matcher, varav fyra
i USA november 1928 - februari 1929.

Holmgrens anteckningsbok

En ynkelig visa jag börjar att sjunga
till varning för fruntimmer, gamla och unga.
Den handlar om Holmgren som lade ut krok
för kvinnor och sen förde anteckningsbok.

Till många små flickor han låtsades fria
och bad var och en att få låna en tia.
Ibland gick det bra och ibland uppå tok,
men allt skrev han opp i sin anteckningsbok.

Där stod det att Anna var bra till att gästa,
men bättre var Stina, och Maja den bästa.
Men Lisa, som blivit herr Holmgren för klok,
var struken uti hanses anteckningsbok.

Och Holmgren fick pengar och fästemör värre
men ingen utav dem fick make och herre.
Han lånade bara, ja, tänk en sån slok,
och läste och skrev i sin anteckningsbok.

Men troheten tryter hos älskande även.
Man gick till polisen, som fångade räven.
Han nekade först, men hux flux fick man snok,
på Holmgrens försvarliga anteckningsbok.

Bak hänglås och bom ses nu Holmgren förtvina.
Han sitter och tänker på Maja och Stina
Han tänker uppå hur han fordom sig vrok,
men för nog ej mer någon anteckningsbok.

Sandahls kanon. Henrik
DN 5 september 1934

När Marsborna slutgiltigt tagits avdaga
och Sandahl har slutat sin uppfinnarsaga,
jag läser en stump om dess huvudperson,
när visan är halvglömd om Sandahls kanon.

Det står att i mitten på seklet som flyktat
har Sandahl till påsyn ställt ut ett beryktat
och sinnrikt och uträknat motorfordon,
som föregick Sandahls berömda kanon.

Och nu vill jag tänka på Sandahl, vars öden
ha gjort honom löjlig till långt efter döden
och bringa till heder och reputation
hans nyssnämnda vagn och hans kända kanon.

Än lever i Sveriges ofantliga rike
i okända socknar hans knepiga like;
av Sandahlar vimlar den svenska nation
som trallade visan om Sandahls kanon.

Jag tror att när Sandahl, som arbetat tåligt
och gjort en maskin vilken gick lite dåligt
fick höra ett gapskratt åt dess konstruktion,
så svor han att göra sin kända kanon.

Och jag kan förstå att när hela nationen
med hån och begabbelse sjöng om kanonen
gick Sandahl väl in i den eviga ron
och somnade från både vagn och kanon.

Men Sandahls parti är det som jag vill taga
när världen förgätit hans uppfinnarsaga,
och minnet av Sandahls geni och person
är knutet till visan om sagda kanon.

211

Ett farligt frieri

Handlande om konungen Edward och missis Simpsons
kärlek till varandra, bröllopet, som ännu ej blivit av etc.

En saga om kärlek jag nu vill berätta
och när Ni har hört den, så medger Ni detta:
Vårt liv är teater och filmkomedi.
Rubriken kan bliva: Farligt frieri.

Han var prins utav Wales, när sagan begyntes
med blodet så blått att det utanpå syntes.
Men Simpsonska blodet det var gredelint,
så det ansågs inte som tillräckligt fint.

Vi förut ha hört om den leende prinsen,
att han inte titta så mycket på kvinnsen,
så fann han fru Simpson och kärleken brann,
fast Simpsonskan var gift med sin andra man.

Sen hände att dom till Paris for en vända
och firade där med varann veckoända.
Om Simpson ej va' gift med konungens son,
så tror jag det inte alls var långt ifrån.

Så brukade prinsen mest hela sin löning
att köpa presenter till hennes försköning,
så Edward på pengar blev alldeles ren.
Men hon fick pärlband på båd' armar och ben.

Och så det begav sig att Edward blev konung,
och liksom ett bi ur en blomma tar honung,
vill kungen när han av regering är trött
så gärna få njuta utav något sött.

Och konungen sad´ om i världen jag fore
en blomma som missis ifrån Baltimore
det kunde jag ej finna nån annan stans
av den blomman måste jag få stimulans.

Så ville han Simpson vid altaret äkta
men då kom protester ifrån tjocka släkta
och från ärkebispen av Canterbury
de sa allihop: Snälla Edward, låt bli...

Så ropa bland andra fru drottningen "Jissis"
hon bliver min död denna yankiska missis.
Och drottningen grät som hon hade betalt
och sad´ våran pojke är tokig totalt.

Och Baldwin skrodera och aldrig han höll opp
så att det såg ut som det var Baldwins bröllop.
Till slutet blev kronan för Edward för tung,
så han sa ifrån: De ska fasen va´ kung!

Han sade till bispen och Baldwin och morsan:
Mitt jobb kan Ni nu överlämna till brorsan.
För kärlekens skull gick han från sitt palats
och lämna en ganska väl avlönad plats.

Nu säger en del - Jag hör inte till dessa -
att Edward bort äkta en riktig prinsessa
och gjort missis Simpson till kungens dansös,
så hade han ej behövt bli arbetslös.

Edward var kung i Storbritannien i knappt ett år 1936. Han förälskade
sig i Mrs Simpson, en amerikanska med två äktenskap bakom sig.
I november 1936 utlöste deras kärlekshistoria en konstitutionell kris.
Premiärminister Stanley Baldwin tillät inte att Simpson blev
drottning. Edward valde då att abdikera från tronen den 11 december
1936 - och gifte sig den 3 juni 1937 med Wallace Simpson.

Bildsköna Bengtsson

Jag höjer min röst, jag vill sjunga en visa
ej kungar, ej prinsar, jag tänkt till att prisa.
Nej, större profeter har Gud nog oss skänkt
och tanken går då uppå "Bildsköna Bengt".

Var morgon så fort man går runt uti staden
och läser en tidning, nog ser man i bladen
där står att ett kassaskåp har blivit sprängt.
och misstanken riktas mot "Bildsköna Bengt".

Runt landet han reser på olika zoner
och merendels hållar han till på stationer,
han dundrar och skjuter, han ger sin salut
var gång han till någon station åker ut.

I tidningen syns ha på olika platser
men Bengtsson han har nog privata palatser
på bondvischan där han är mest populär
med bilder av Bengtsson de väggarna klär.

Och priset är högt som man satt på hans panna
Ja, 500 krisch, "om han blott ville stanna"
så finns det mång´ jägare som söker rov,
men Bildsköna Bengtsson består nog sitt prov.

Helt nyligen sågs en artikel i pressen
en pastor från Stockholm han högakta "bjässen",
ej för hans bravader, hans skjutning och don
nej blott för att han är en snillrik person.

Se'n Kreuger gick hädan från tändsticksbolagen
har Bildsköna Bengtsson vart mannen för dagen.
Den ene var fin i "finansskriveri´t"
den andre är säker med sin "dynamit".

De två hade passat ihop som kumpaner
fast Kreuger han hade nog bättre bulvaner
än Bildsköna Bengtsson och hans kompanjon
som dundrar och skjuter på varje station.

BILDSKÖNE BENGTSSON

Harald Bernhard Bengtsson föddes 1893 i Vittsjö socken i Skåne. Vid två
års ålder dog hans pappa i lungsot och när han skulle börja sin skolgång
skickades han till sina morföräldrar i Småland. Här växte han upp i ett kärleks-
löst hem med hårt arbete och gudsfruktan som främsta uppfostringsmetoder.

Efter flera småstölder skickades han 1910 till uppfostringsanstalteten Bona i
Östergötland. Här lärdes han upp till skräddare men rymde våren efter till
Köpenhamn. 1926 omhändertogs han i Askersund, men eftersom fängelset
var fullt fick han stanna över natten på ett pensionat. Därifrån rymde han och
den generade polisen förklarade:

"Inte kunde jag tro, att den mannen var den
ökände dynamitarden. In kom en bildskön
yngling med förtroendegivande utseende."

Han väckte sympati hos många, då han
under sin kriminella bana aldrig använde
våld mot personer. Många historier gjorde
honom till en Robin Hood som stod på de
fattigas sida mot myndigheterna.

En visa behandlande
Bildsköne Bengtssons bravader

Den bildsköne Bengtsson är mannen för dagen,
i åratal har han lekt blindbock med lagen.
Han vilar ibland men så åter en da´
hans namn syns med fetstil på löpsedlarna.

Och se härom dan fick man åter upp spåret,
som en gång förut var det nästan på håret
att man honom fångat - men fångsten blev tji,
än Bildsköne Bengtsson är lycklig och fri.

Uti Örbyhus hastigt avbröt man tinget
man spanade vilt - men man hittade inget,
ty Bengtsson han gillar att stjäla i ro
och därför förbliver han inkognito.

Den svenska polisen den darrar i vrede
och tror att herr Bengtsson är släkt med den lede.
Hur väl dom än dämmer, så finns det ett hål
där han pressar genom sin smidiga bål.

Han sprängt kassaskåp på snart sagt alla ställen,
men innan polisen nått platsen för smällen
den Bildsköne alltid har hunnit gå bort
och lagväktararmen befunnits för kort.

Ja, det bör bli plats uti Sveriges annaler
för mannen som alltid fann utloppskanaler
hans namn i historien skall stråla med glans
mer svårfjällad fisk uti Sverige ej fanns.

Och han gör ju nytta ändå för polisen
som alltid med säkerhet följer devisen:
Om det sker en stöld och man tjuven ej tar
då är det herr Bengtsson som brottslingen var.

Men skulle den Bildsköne knycka en limpa
så skulle han säkert i snutnätet dimpa.
På sådana stölder - det är sant och visst
är svenska poliskåren specialist!

Transkription av ett skillingtryck från 1934 (ur Hans Anderssons samling
"Aldrig kommer duvungar blå utav korpäggen vita. Skillingtryck om brott
och straff 1708-1937 (2006)).

Under åren 1932-34 var Bildsköne Bengtsson
på en mycket uppmärksammad landsom-
fattande stöldturné tillsammans med Folke
Johansson, känd som "Tatuerade Johansson".
De båda blev rikskända då de lyckades gäcka
polisen i drygt två år.

De gömde sig i Göingeskogarna men när poli-
sen upptäckte deras gömsle på hösten 1934
flydde de västerut och blev fast utanför Göte-
borg. Bengtsson dömdes till åtta år och tre
månaders fängelse året efter. Efter avtjänat
straff 1943 hölls han kvar av medicinska skäl
på obestämd tid, men lyckades rymma 1944
och höll sig undan i ett halvår.

Under åren 1909 till 1951 tillbringade Bengtsson drygt 25 år i fängelse. Un-
der 1950-talet fick han arbete hos en herrekiperingsfirma i Göteborg. Det här
var ett arbete han fortsatte med även sedan han fått sin folkpension. Harald
Bengtsson avled i juli 1966 och skrevs in i myndigheternas dokument som
"Skräddar-mäster Bernhard Harald Bengtsson".

1937 Skånska räcker herr Cederstrand handen

Hr Redaktör!
Skulle ni med anledning av stadsfiskal Cederstrands
utnämning till chefsåklagare vilja publicera följande!
Melodi: Sandahls kanon

Han skåningars mat och kultur kritiserat
men han har nog ångrat att han har braverat
med kunskap om hur skåningar laga sin mat
och hur den serveras sen uppå fat.

När nu vår regering med en skåning i täten
har utnämnt herr Cederstrand och glömt bort förtreten
som satte var skånings blod uti svall
vi hoppas att maten passa honom skall

Men börjar han på vår matkultur åklaga
då är det slut på vårt sätt att fördraga
Vi sätta honom själv på de åklagades bänk
och fästa om händer och fötter en länk.

En tombola skaffar vi som får avgöra
vem som vår talan i målet ska föra
men blir det en skåning som får målet i hand
då blir det synd om chefsåklagaren Cederstrand

Min hand till försoning jag dock ville sträcka
och ett fat med köttbullar överräcka
ett prov på vår kokkonst och goda humör
som ej ens kritiken i matfrågan stör.

Skånska i Stockholm
Dagens Nyheter Fredagen den 24 september 1937

En låt till fiol

Nar gråvädersstämningen tätnar kring husen
och mänskorna samlas kring brasan och ljusen,
mig lyster att sjunga en låt till fiol,
fast livet är mulet och fattigt på sol.

Man går har och stövlar och gör sina plikter
och jämkar och vrider på själens konflikter,
och fastän det hela syns tröstlöst ibland,
så klara det upp sej så smått efter hand.

Ty håller man fast om det rätta humöret,
sa står man helt plötsligen mitt opp i smöret.
Och mycket kan klaras med vilja och hopp
i livskampens krävande maratonlopp.

Men mister man hoppet och står som en kruka
och glömmer att rätt varje möjlighet bruka,
då tappar man knorren och blir som en palt,
och sen går det käpprakt i stöpet med allt.

Nej, aldrig det duger att darrande ställa
sin påse vid dörren och stå där och gnälla!
Man gör vad man kan jämte litet därtill,
så klarar man skivan, ifall att man vill.

Och därför, go' vänner, så enas vi alla
att glömma bekymren och skratta och tralla
och ge vad man mäktar och ta vad man får
och göra av livet det bästa som går!

Pälle Näver
Vestkusten number 3 17 januari 1952

Götgatsvisan

Ur: Vishäfte nr 1 - Visor skrivna och sjungna av oss som gått
ihop för att göra något åt det tillsammans - Arkiv samtal

En ynkelig visa jag börjar att sjunga
om vad som kan hända båd´ gamla och unga.
Den handlar om Stockholm och människor där
men också om Hansson, som borgarråd är.

Högt uppe på Söder, där finns det en gata
som Götgatan heter se´n lång tid tillbaka
och där bor det männ´skor just som du och jag
med olika yrken av alla de slag.

Där finns det butiker och hantverkslokaler
och ölfik där som man kan svinga pokaler
om se´n alla värdar höll husen i skick
så bleve den gatan en fröjd för var blick!

Men nu ska ni höra vad "staden" vill göra:
jo, dom vill all charmen kring gatan föstöra
och bygga kontor och två storvaruhus
och flytta allt folket till Tensta burdus!

Men folket på Götgatan ville ej flytta,
så dom slog sig samman och blev som förbytta
och började, oförskämt nog, ställa krav
på reparationer av husen rentav.

Dom gick upp till Hansson och framförde kraven
och sade att innan vi lägges i graven
vill vi vara med och bestämma om det
som rör våran framtid, Ers Högvördighet!

220

Då började Hansson så illa att svärja
och höja på rösten åt folket och härja
och påstod att det inte alls angick dem
vad staden vill göra med deras hem!

Men folket på Götgatan samlades åter:
"Nu hjälper det föga att vi går och gråter,
nej vi måste kämpa tills vi fått vår rätt
och fått våra herrar att slå till reträtt!

A. B-lund

I det översiktliga planprogrammet *Söder 67* skulle fyra kvarter på ömse sidan av Götgatan rivas. Det var kvarteren Nederland, Östergötland, Västergötland och Pelarbacken större som skulle jämnas med marken. Bland annat skulle husen där Södergården och Almgrens sidenväveri finns i dag ha rivits. Tanken var att skapa ett stort kommersiellt centrum med kontor och varuhus norr om Medborgarplatsen.

Mariagruppen av det nybildade *Söders byalag* lyckades i början av 1970-talet skapa en tillräckligt stor opinion för att rädda de hotade kvarteren. *Götgatsvisan* framfördes på några byalagsmöten på Södergården som upplåtits gratis av hemgården till byalaget.

I slottens gemak

I slottens gemak och förnäma salonger
huserar vår adel i fina schäslonger
för om man ska bo så förtjusande flott
så måste ens blod vara tusan så blått.

Här vistas grevinnan och hennes herr greve
det meddelas troget i press och på TV
och greven han njuter sitt fidekomiss
men jobbar där bara ibland när han ids

Det blåaste blodet har dock majestätet
det ger honom rätten till konungasätet
hans blod är så ädelt och intensivt blått
som bara kan rinna i en Bernadotte.

Och kungen han trivs under kungliga lakan
befruktar så flitigt den utländska makan
så snart finns där både prinsessa och prins
som alla blir hertig i var sin provins.

Och när som han kommer i sjuglaskareten
då står underdånigt den grå menigheten
och böjer sig ödmjukt för landets symbol
och njuter av glansen så mycket de tål.

Veckobladet nummer 25 2017 Röda kapellet
Ulf Teleman

En snarstucken visa jag önskar att sjunga
men vill även hylla de gamla och unga
som vågar sig ut i trafiken idag
bland bilar och cyklar av alla de slag.

Vi människor är nog i grund egoister
I synnerhet gäller det vissa cyklister
För dem gäller varken förnuft eller lag.
Nej deras paroll lyder: Här kommer jag!

Trafikljusen skiftar i tre färger bara
Det angår dock föga cyklisternas skara
för färgblinda tycks de, båd´ manfolk och kvinns
de cyklar emot alla färger som finns.

Ur uppvärmda stuprör snart smältvattnet rinner
och fryser till is, ja, jag tror nog det hinner
tills jag ska gå ut - och det är inget skämt!
På vår trottoar är det nyspolat jämt.

Och isen den ligger där blank som på rinken
jag tror inte isen är bättre på Zinken.
Till höger och vänster bryts armar och ben
Vi sparar på sanden, sa Daniel Helldén!

I gnistrande vinet med er vill jag skåla
som tvingas cyklister och ishalka tåla.
Jag hoppas min visa har funnit rätt ton
Och inte gör fiasko – som Sandahls kanon!

A. B-lund

Man rensar rabatten, ger blommorna vatten
Man tjuvar tomaten och plockar spenaten
Att påta i trädgården det är en ren fröjd
Man odlar sin mat och man känner sig nöjd.

Men det finns ju andra intressen att odla
Att sitta vid datorn och googla och googla
på korsordets frågor man snabbt får ett svar
och slipper fundera i tre, fyra dar.

Man avlastar knoppen och det är ju toppen
Men datorn kan nog inte avlasta kroppen
En timme på gymet ger musklerna spänst
Man har gett sig själv och sin kropp en stor tjänst

Att utöva yoga kan vara en plåga
Och ska man nå framgång så måste man våga
Ta i så det knakar i armar och ben
När klassen är slut är man smidig och len.

Men roligast har man ändå i musiken
Att kompa sig själv och få kred från publiken
Och spela tillsammans med andra i grupp
Ja det kan man göra tills solen går upp!

4/12 2020
Harriet Key-Jonsson

SNAPSVISOR

Att en melodi får äran att användas till en snapsvisa är det yttersta beviset för att den blivit en levande del i vår gemensamma sång- och minnesskatt. Snapsvisor kan vara kvicka eller plumpa, men nästan alla är korta texter till en känd melodi.

Den som skriver en text till en snapsvisa vill förstås att alla ska kunna sjunga med! Därför väljer författaren en melodi som alla säkert kan. Genom att studera melodihänvisningar till snapsvisor som svenska folket diktat genom åren kan vi alltså få kunskap om vilka melodier som finns i vårt "kollektiva minne". *Melodi: Sandahls kanon* har stått som melodihänvisning till mängder av snapsvisor under åren. På senare år har "Skånska slott och herresäten" övertagit rollen som melodibärare.

Melodi: Skånska slott och herresäten

Einstein sa något om ljushastigheten
och massan som kröktes i realiteten
Jag tänker pröva hans kvantteori
och kröka en massa och få energi

Författare: Hasse Nilsson, Växjö

225

SM I SNAPSVISOR

Spritmuseum arrangerar årligen SM i nyskrivna snapsvisor. Varje år skickas det in över 200 visor, många på dagsaktuella händelser. Vin & Sprithistoriska Museet har samlat dryckesvisor sedan slutet av 1992. Nu har Spritmuseum tagit vid.

Resultatet har blivit en databas med drygt 12.000 visor, en siffra som ständigt ökar tack vare Snapsvise-SM. 2020 vann *Trolleritrick* med melodi Skånska slott och herresäten första pris i tävlingen. Till final gick också *Varning för prickskytt* och *Många supar*, båda med samma melodihänvisning. Under åren har snapsvsior med melodi: *Skånska slott och herresäten* firat många triumfer.

2020 - 1:A PRIS Trolleritrick
Melodi: Skånska slott och herresäten

När Jesus förvandlade krusen med vatten
Och fick hela stan att bli glada i hatten
Då ropa den lede i helvetets mull
Min gud vilket trick, jag blir helt andaktsfull

Författare: Hasse Nilsson, Växjö

Varning för prickskytt
Melodi: Skånska slott och herresäten

En älgskytt blev ängslig och började skaka
han kände direkt att han starkt måste smaka
tre snapsar – en älg sen kom fram för hans syn
han sköt inte den, men två kossor i byn

Författare: Sven Andersson, Växjö

Många supar
Melodi: Skånska slott och herresäten

Då Helan och Halvan och Tersen har tagits
och Kvarten i halsen nu även har slagits.
När armen mot Kvinten, den femte, nu sträcks
så tänk på att detta kan leda till sex.

Författare: Hans Johannesson, Tullinge

Meloditriumfer

2001
2004
2006
2009
2012
2014
2015
2018
2020

Skånska glas- och pantoffelprodukter

På himmelen vandra sol, stjärnor och måne
och kastar sitt ljus på en kall sexa från Skåne
som glimmar så grant på fad i lång rad
en skåneländsk pärla som står på parad.

Så låt oss nu smaka den ljuvliga nektar
som gjorts av pantoffler från tusentals hektar
som läskedryck hör den till tio i topp.
Nu lyfter vi glasen och gör botten opp!

När hela systemsortimentet vi provat
rent objektivt aktar vi icke för rov att
förkunna att Skåne som vanligt är bäst.
Mot sådant dekret höres ingen protest!

SKÅNE AKVAVIT

Skåne Akvavit lanserades 1931 som en mildare variant av
O.P.Andersson. Skåne Akvavit innehåller samma kryddblandning
(kummin, anis och fänkål) som O.P. men i mindre mängd.

Akvavit är ett kryddat brännvin som är smaksatt med minst en
utav kryddorna kummin och dill. Själva ordet *akvavit* kommer
från latinets aqua vitae, som betyder "livets vatten".

Akvavit är en nordisk dryck och i vissa
kretsar anses det att vi alla har ett personligt
ansvar att dricka akvavit åtminstone vid jul,
påsk och midsommar - för att inte traditionen
ska ta slut. Det finns dock många som inte
alls delar den här uppfattningen.

I SANDAHLS SPÅR

För den som vill lära känna Anton Bernhard Sandahl lite bättre finns det flera källor att hämta information från. Han var själv mycket skicklig på att göra reklam för sina olika projekt. Både i stockholmspressen och i landsortens tidningar kunde man ta del av mekanikus Sandahls förehavanden. Till en början var flertalet artiklar försiktigt positiva, men efter fiaskot i augusti 1865 ändrades tonläget.

1855 gav också Sandahl själv ut skriften *Ryska Embetsmäns Bedrägliga Förfarande mot en svensk man under sju års tid*. Det är en 23 sidor lång redogörelse kring hur hans affärer med Ryssland utvecklade sig.

1891 gav Birger Schöldström ut boken "Tittskåpet". Det är en samling artiklar kring skilda ämnen varav en handlar om Zandahls kanon. Denna artikel återges i sin helhet med början på sid. 251.

Samma år skrev Anton Granfeldt boken *Sandahls kanon - Äfventyrsskildring*. I romanen blandas dikt och verklighet och avslutningen är betydligt trevligare än den krassa verkligheten. Anton Granfeldt var jämnårig med Sandahls son Johan och umgicks enligt egen utsago med både far och son. Granfeldt är troligen det bästa sanningsvittne till Sandahls liv som vi kan ha tillgång till. På sid. 254 finns en artikel om Sandahl som skrevs av Granfeldt och infördes i Trelleborgstidningen den 5 december 1896.

A.B. SANDAHL OCH HANS FAMILJ

Anton Bernhard Sandahl föddes den 30 augusti 1816 i Skara. Hans far var rådmannen och skräddaren Nils Sandahl och hans mor Hedvig Fröhling. Som vuxen arbetar han under cirka 20 år som lärare i Skövde. Tillsammans med Hedvig Rylander från Bankeryd får han tre barn under åren 1845 till 1849. I början av 1850-talet ser deras hushåll ser ut så här:

Anton Bernhard Sandahl	1816-08-30
Hedvig Rylander	1821-05-14
Oscar Wilhelm	1845-03-30
Hedda Maria	1847-03-12
Sara Wilhelmina	1849-12-13

Skövde stadsförsamling AI:8 (1852-1858) Bild 184 / Sida 180

Någon gång i början av 1850-talet lämnar A.B. Sandahl sin familj och flyttar till Stockholm. Under flera år står han visserligen kvar som boende med familjen i Skövde, men han är samtidigt också skriven - och bor i - Stockholm. Enligt Befolkningen i Sverige (Bis 1858-60) tillkommer ytterligare en son i familjen: *Carl Bernhard*, född den 23 oktober 1859. Carl Bernhard blir inte ens ett år, han dör redan i maj 1860.

Sonen *Oscar Wilhelm* blir heller inte gammal. Han måste ha dött redan i slutet av 1850-talet. I Befolkningen i Sverige (Bis) 1860-66 är hans namn borta från familjen. Dottern *Hedda Maria* finns heller inte med i familjen i Bis 1860-1866, men henne hittar vi då i Axtorp, Varola Skaraborgs län.

Dottern *Sara Wilhelmina* dör ung, den 28 februari 1871 vid en ålder av 21 år, 2 månader och 15 dagar som mamma Hedvig skriver i dödsannonsen i Sköfde Tidning den fjärde mars 1871. I annonsen kan man också läsa att Sara Wilhelmina sörjs av föräldrar, en broder och talrika vänner. Eftersom någon syster inte står med som sörjande tycks även Hedda Maria ha dött före 1871.

I folkräkningen 1880 står Hedvig Rylander som fru, ensamstående i hushållet och boende i Stockholm. Samma år står hon också som boende i Sköfde, mannen avviken. I folkräkningen 1890 står hon som Hedvig Sandahl f. Rylander, småskollärarinna f. - ensamstående, mannen rymt. I Stockholm blir Sandahl far igen. Johan Anton Bernhard föds den 12 februari 1862. Med denne son bor senare Sandahl tillsammans med under många år.

229

1852 hade Sandahl konstruerat en mekanisk vagn på tre hjul. Den kunde enligt Sandahl framdrivas med mekanik - utan ånga, fjädrar eller lod. Vagnen förevisades i Norrköping, Nyköping och i Stockholm, på Riddarhusgården.

Ny uppfinning

En stor mekanisk Täckvagn, på tre hjul, för tre personer att åka uti, hwilken drifwes med wexel-tryckmachin utan ånge, fjädrar och lod, förewisas i staden endast Thorsdagen den 9 dennes kl. 3 e.m. framrullande på den gård som å Bokhandels uppgifwes, dr biljetter på förmiddagen finnas à 24 st. för äldre personer och 12 st.för barn under 12 år. Som ej förr något sådant åkdon wisats i riket hoppas att respektive herrskaper skola finna nöje uti att åka detsamma.

Nyköping den 7 December 1852   A.B. Sandahl Uppfinnare

Nyköpingsbladet 1852-12-07

Mekanisk vagn.

Den förut i denna tidning omnämnde målaren Sandahl från Sköfde har i dag på Riddarhusgården, mot en entré af 8 sk. bko, förevisat en mekanisk vagn, med hvilken, enligt uppfinnarens uppgift, tre personer kunna tillryggalägga en väglängd af 6 mil om dagen, under vilkor att de alla tre skiftesvis arbeta på vagnens framdrifvande medelst en mekanik, som tills vidare är uppfinnarens hemlighet.

Vägen måste dessutom vara jemn, hvartill man äfven kunde sluta af försöken i dag, enär vagnen gick mycket långsamt uppföre de obetydligaste sluttningar, ehuru den icke hade någon last. Något omdöme om uppfinningens värde kunna vi således ännu ej tillåta oss, ehuru den alltid är ett godt bevis på uppfinnarens kombinationsförmåga.

Post- och Inrikes Tidning 1852 31 december

Året efter tycks Sandahl ha tröttnat på sin mekaniska vagn. I december spreds ett flygblad i Stockholm. Nu förevisades vagnen och lottades ut till ett gott pris. Lotterna såldes vid Nybrohamnen och kostade 1 Riksdaler Banko stycket.

En stor mekanisk Täckvagn

för tre personer att åka uti, drifves med vexeltryck-maskin utan ånga, fjeder eller lod, förevisas mot frivillig avgift alla dagar från kl. 2 till 4 e.m. på gården å Källaren Götha Vapen vid Nybrohamnen tills den 30 dennes, då åkdonet bortlottas. Under tiden säljas lotter på nämnda källare för 1 R:dr B:ko stycket. Som ej förr någon sådan vagn visats torde åskådaren få ett nöje af att betrakta och åka uti densamma samt blifva egne af honom för godt pris. Lottagare få betrakta åkdonet och mekaniken utan afgift.

Stockholm i December 1853 A.B. Sandahl Uppfinnare

230

Åren 1853-54 bor Sandahl i Gamla stan. Han tillhör Storkyrkoförsamlingen och bor i kvarteret Perseus vid Baggensgatan/Österlånggatan. Det här kan ha varit Sandahls första år och kanske också hans första adress i Stockholm. Nu står han skriven som seminarieelev. Kanske planerade han att återgå till läraryrket vid den här tiden?

Österlånggatan med Den Gyldene Freden på gatans högra sida.
Kvarteret Perseus sett söderifrån med kvarteret Medea i förgrunden.
Illustration av Otto August Mankell, 1865.

De närmast följande åren flyttar Sandahl många gånger, oftast utan att ange sin nya adress. 1855 flyttar han ut från Gamla stan och bosätter ig i Storöviken vid Värmdö. Nu börjar han utveckla sin "Självgående sprängningsmaskin", en slags torped, som han hoppas kunna sälja till den svenska flottan.

Privat har han här en romans med en ung kvinna. Enligt Anton Granfeldts bok resulterar förhållandet i ett barn, som senare överlämnas till Sandahl när modern lämnar Sverige för att gifta sig med en rysk militär.

1855 SJELFGÅENDE SPRÄNGNINGSMASKIN

Under åren 1853-1856 utkämpades Krimkriget mellan på den ena sidan Ryssland och på den andra en koalition bestående av Osmanska riket, Storbritannien, Frankrike och Sardinien. Krim var den huvudsakliga krigsskådeplatsen, men i Östersjön hade Ryssland byggt fästningen Bomarsund på Åland. Bomarsund förstördes i juli 1854 av engelska och franska trupper.

Kung Oscar I ville få med Sverige i kriget mot Ryssland - för att om möjligt återta Finland - men de flesta svenska politiker motsatte sig det. Sverige höll sig utanför kriget och Åland demilitariserades. Sandahl hade vid den här tiden bosatt sig på en ö i närheten av Nacka. Här hade han uppfunnit en sprängningsmaskin som han sökte en förlagsman för via en annons i Aftonbladet i juni 1855.

> Förlagssumma å 1,000 rdr önskas till förfärdigande af en i vattnet sjelfgående sprängningsmaskin, för att hembjudas till inlösen åt de allierade. Ett prof har redan i flere personers närvaro blifvit försökt och befunnits ändamålsenligt.
>
> Svar till "Mekanik" afvaktas å Dagbladskontoret.

Han fick både svar och visst ekonomiskt stöd från en finansiär vid namn Söderström. Sandahl lyckades också intressera de båda prinsarna Karl (senare Karl XV) och Oscar (senare Oscar II) för sitt projekt. Båda prinsarna bevistade en demonstration av sprängningsmaskinen som lyckades bra. Karl tycktes vara mest intresserad medan Oscar var mer återhållen och påpekade maskinens brister i styrförmåga. Trots ett visst kungligt stöd gick inte den svenska flottan in i projektet, vilket Sandahl hade hoppats.

Efter att ha misslyckats med att sälja sprängningsmaskinen till Sverige vände sig nu Sandahl till det krigförande Ryssland. Ryssarna var mycket intresserade och en affär gjordes upp. Ryssarna fick tillgång till både sprängningsmaskinen och ett sjuskottsgevär som Sandahl konstruerat. Maskinen och geväret skickades i en packlår till "H.M. Kejsarns adress" - men betalningen 3000 rubel silver uteblev till den största delen.

Nu följer en seg rättstvist som skildras av Sandahl i den 27 sidor långa skriften: *Ryska embetsmäns bedrägliga förfarande mot en svensk man under sju års tid . Stockholm i September 1862 . A. B. ZANDAHL , Uppfinnare af den första rörliga Skeppssprängnings - maskin , af Sjuskotts - geväret och förlidna år af Friktions - geväret .*

232

RYSKA EMBETSMÄNS BEDRÄGLIGA FÖRFARANDE MOT EN SVENSK MAN UNDER SJU ÅRS TID.

Uti denna lilla afhandling skall tydligt och klart visas, huru oförskämda ryska embetsmännen äro , och huru långt deras nedriga , af egennyttan svallande bedrägerier kunna gå . Ja , Furst Peter Dolgorukow har i sin skrift Sanningen om Ryssland ", som finnes tillgänglig hos de flesta bokhandlare , skildrat Rysslands dåliga ställning och dess usla embetsmäns högst nedriga handlingar. Läsaren torde häraf finna, att allt hvad jag här säger, är bland det lindrigaste som de ryska embetsmännen kunna våga, hvilka uppoffra allt för penningen, som är deras ende herrskare, åt hvilken de egna fullständig lydnad och oföränderlig trohet .

Förord

Jag försålde i början af året 1855 här i Stockholm en på stället befintlig, af mig uppfunnen och förfärdigad maskin att spränga fartyg, och ett likaledes af mig uppfunnet och förfärdigadt gevär för sju skott, mot en öfverenskommen summa af 3000 rubel silfver. Maskinen och geväret inpackades i en enkom dertill beställd packlår, på hvilken skrefs H. M. Kejsarns adress, och hvilken packlår afsändes till Petersburg, der den kom vederbörande till handa . I afräkning på salu skillingen erhöll jag, i särskilda poster, dels penningar, dels åkdon, sammanräknade 505 riksd. rmt; men i afseende på hufvudliqvid afspisades jag med löften gång efter annan och tid efter annan afspisades i ordets egentliga bemärkelse; ty General Bodisco icke blott bemötte mig med utmärkt artighet och vänskapsfulla hand tryckningar, utan undfägnade mig tillika vid hvarje mitt besök med fina viner. *sid 7*

Med en fraktsedel af den 9 Maj 1861, återfick jag från Petersburg, efter sex - säger 6 års förlopp, en låda , innehållande en krigsmaskin af svensk till verkning. " Denne af Bodisco für Kejsarns räkning köpta spräng nings-maskin var i Petersburg söndertagen och den mekaniska hemligheten derur stulen, (sedan åter så illa sammansatt, att den ej nu kan gå i vattnet utan åter söndertagas och rätt sammansättas), samt så uselt ihoplödd, att den okunnigaste bleckslagarelärling i Sverige skulle gjort det mycket bättre. De af mig lemnade ritningarne öfver förbättringarne af nämnde maskin behagade ryska embetsmännen ej medsända utan behöllo dem, som en god bit; emedan de finna dem blifva nyttiga vid ett möjligen snart ånyo utbrytande krig. Jag skall dock då låta de inse, att deras förhoppningar skola gå upp i rök till deras stora förvåning under dess nuvarande förstockelse . *sid 16*

233

ZANDAHL OCH KRONPRINSEN

När Sandahl kommer till Stockholm på 1850-talet är Oscar I fortfarande kung i Sverige. Det är oroliga tider, Ryssland är ett ständigt hot och drömmen att återta Finland lever kvar i kungahuset.

Prinsarna Karl och Oscar är båda intresserade av Zandahls olika vapenprojekt. Hur mycket stöd som Zandahl verkligen får av prinsarna är svårt att veta. Mest intresserad verkar dock kronprinsen, som snart bestiger tronen, vara. Kung Oskar I dör i juli 1859 och kronprins Karl blir kung i Sverige - Karl XV.

Karl XV som kronprins, akvarell av Fritz von Dardel 1849.

Under Krimkriget förklarade sig Sverige-Norge neutrala, men Oscar I spelade ett hemligt diplomatiskt spel med sikte på en allians med västmakterna och Finlands återerövring. Kronprinsen såg med iver fram emot att få leda ett anfall mot Ryssland med sig själv som överbefälhavare. I ett brev skrev han: "Stora ting förestå oss svenskar, och jag ber till Gud, att jag på denna nya bana antingen må kunna visa mig duga till något eller också få en hederlig död!"

234

I Anton Granfeldts romantiserade Äventyrsskildring "Zandahls kanon" skriver sonen John ett brev till kungen:

> Bäste herr Kung!
> Vi ha så fattigt och svårt, och i dag är det julafton. Pappa är så ledsen. Om han bara fick träffa kungen, så skulle han bli glad igen. Ty då skulle han fått pängar, så att han kunde göra sitt gevär färdigt och bygga undervattensbåten, och då kunde kungen eröfra Finland, det är säkert. Snälle herr Kung, skrif och svara om pappa får träffa ers majestät.
>
> > Tecknar högaktningsfullt
> > John Zandahl

I boken besöker förstås kungen Zandahl och hans son och löser allt. Verkligheten är en annan, men ett gevär blir det - som kungen står som förste ägare till.

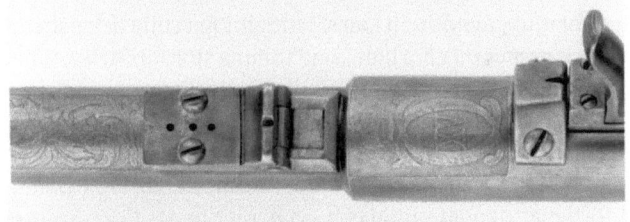

Påskrifter: CXV krönt, Till Fäderneslandets försvar
A B Zandahls patent
Dekor: Riksvapen, Sverige namnchiffer CXV krönt

I det s.k. engelska magasinet, Storkyrkobrinken n:r 6, förevisas ett gevär af en alldeles nyuppfunnen konstruktion, benämndt friktionsgevär, och som till sin beskaffenhet står emellan kammarladdningsgeväret och det preussiska tändnålsgeväret. Uppfinningen, som är gjord af en mekanikus A.B. Zandahl är ytterst sinnrik och synes hafva en god framtid för sig. Hela laddningen, patronens upptagande inberäknad, erfordrar ej mer än 3:ne tempo'n. Vi rekommendera åt jagtälskare och militärer, att på förenämnde ställe bese detta för den svenske uppfinnaren så hedrande arbete.

Blekingsposten 1861-12-03

1863 DEN NYA SVENSKA PANSARSPRÄNGNINGSBÅTEN

Det här året presenterade Zandahl sin nya pansarsprängningsbåt. Båten ställs ut som modell och anges vara osårbar. Den tros kunna tillverkas för en summa av 100.000 riksdaler. Dess förnämsta anfallsmedel består av 2 150-pundiga kanoner, en i fören och en i aktern. Besättningen behöver icke överstiga 10 man. Den omtalades i många tidningar och några var försiktigt optimistiska till båtens framtida öden. Under rubriken Ny uppfinning "Den nya swenska pansar-sprängningsbåten" skriver Calmarposten:

----- Uppfinnaren är mekanikern A.B. Sandahl, känd såsom uppfinnare av ett nytt perkusionsgevär, en uppfinning som generalfälttygsmästaren frih. Wrede livligt intresserat sig. Hr Sandahl förevisar beredvilligt den särdeles vackra modellen till sitt pansar-sprängningsfartyg i sin bostad, N:o 10, Lilla Nygatan. Denna båt är, enligt hr Sandahls egna uppgifter så konstruerad, att alla dess yttre sidor äro lutande i 45 graders winkel mot en horisontelt, äfwensom mot en från femtio alnars höjd kommande kula, i följd hvaraf kulorna måste studsa då de träffa båtens sidor, hwilka behöfwa wara blott fem tum tjocka, men formade efter uppfinnarens metod.

Båten är blott 6 fot djupgående och kan således inlöpa i alla örlogshamnar, för att med sina 150:pundiga kanoner på nära håll åstadkomma stor förödelse, emedan dessa ligga så nära vattenytan att fartygen af dem erhålla grundskott.

Sådana äro de egenskaper hr Sandahl säger sitt faryg hafwa, hwilket jag naturligtvis ej på minsta sätt kan ha kontrollerat, allt det ofwanstående är hr Sandahls egna ord. - ---- i alla fall förtjenar den att omtalas, i synnerhet under tider, som se så hotande ut som de närvarande.

Calmarposten den 15 augusti 1863

Alla skribenter är dock inte lika positiva. I september skrev signaturen Agapetus en artikel, utformad som ett brev, i Barometern:

I anledning av den pompösa beskrivning som nyligen stod att läsa över "den nya svenska pansarsprängningsbåten" vill jag nämna några ord för att taga dig ur den villfarelse, som du förmodligen i följd därav kommit uti. Jag har tvenne gånger, på inbjudning av uppfinnaren, varit uppe och besett densamma, utan att, oaktat hr Sandahls ordande om dess förträfflighet kunna finna någon sådan.

236

Båten är av 80 fots längd med motsvarande bredd samt är bestyckad med tvenne svåra kanoner, varav den ena är placerad förut och den andra akterut, på så sätt att skottlinjen är en förlängning av fartygets medellinje. Dess förnämsta egenskap påstår hr Zandahl vara att den är, som han uttrycker sig, osårbar. Denna osårbarhet, påstår han, kommer sig därav, att båtens sidor bildar en vinkel av 45 grader med vattenytan. (Det är att märka att denna vinkels ben äro vända mot en möjligen träffande kula).

Så, detta vore visserligen en god sak om hela sidan även ner under vattnet hade samma lutning, men nu är fallet, att, för att vinna plats för det ganska vidlyftiga maskineriet, har hr Zandahl, straxt nedanför vattenlinjen, låtit sidan antaga en annan svängning, på så sätt, att sidan över vattnet och sidan under vattnet bilda en nära rät vinkel. Om nu en kula träffar även över vattenlinjen mot sidan måste den ju ovillkorligen genom återstudsningen träffa sidans förlängning under vattnet nästan vertikalt, och den fem tums plåten måste då ovillkorligen söndersplittras.

Sidan ser ungefärligen ut så här :), med vattenlinjen ungefär på mitten (den buktiga sidan av figuren är naturligtvis innerkant). En annan olägenhet är att kanonerna endast kunna göra skada i samma riktning som medellinjen då ingen annan rörelse är medgiven dem, än den att kunna draga fram och tillbaka i de hylsor, som omgiva dem.

Om det likväl lyckats hr Zandahl, ty han vill själv taga befäl på den första båten, att medelst en massa varvankare få båten att intaga den riktning, att hans kanon pekar åt det föremål som han skall beskjuta, så komme en annan olägenhet, den nämligen, att ej den ringaste elevation kan bibringas kanonen utan skjuta dessa parallellt med vattenytan; och ännu en olägenhet, att i någon sjö är det totalt omöjligt att begagna dem, då de befinna sig en knapp fot med mynning över vattenytan.

Det var mig omöjligt att övertyga honom om, att även i skärgårdar en ganska svår sjö ofta kan äga rum. Därefter frågade jag honom: "Men om nu en fiende kommer och lägger sig på sidan av båten, så är ju alldeles omöjligt att tillfoga honom den ringaste skada?" På denna fråga svarade han : Därför tänker jag låta måla kanonportar på sidorna och då törs naturligtvis ingen fiende komma dit. -

Jag häpnade över en sådan enfald, men fortsatte att fråga: Nå, men om nu en kula träffar den kupol i vilken befälhavaren står och styr månne icke då någon skärva kan avsöndras från kupolen, som är försedd med små hål, och träffa till exempel hans öga? Ja, jag har även tänkt därpå, svarades, men det är lätt avböjt om man låter befälhavaren taga på sig ett par stora glasögon, vars bågar äro lindade och vars glas äro omkring 1 tum tjocka.

Jag hade visserligen förut hört talas om såväl uppfinnaren som hans verk på ett allt annat än rekommenderande sätt, men detta var ensamt nog att övertyga mig och jag avlägsnade mig med den sorgliga visshet, att denna uppfinning inte vore något stort annat än ett barnverk.

Vännen Agapetus

1864 PANSARSPRÄNGNINGSBÅTEN OCH UNDERVATTENSKANONERNA

Någon gång under 1864 börjar nog Zandahl inse att hans uppfinningar inte kommer att lyckas fånga militärens intresse. Det verkar omöjligt att sälja både pansar-sprängningsbåten och undervattenskanonen. Faktum är dock att han ändå delvis lyckats med åtminstone den självgående sprängningsmaskinen.

Under våren och sommaren 1864 ordnar han föreställningar för både militärer och allmänhet med sin sprängningsmaskin i Hammarby sjö. Biljetter säljes i Fruktboden vid Gustaf Adolfs torg samt herrar Fahlstedts och Svanströms boklådor.

> Mekanikus A.B. Zandahl ämnar i e.m. kl. 5 uti sjön vid Stora Blecktornet n:r 29 Södermanlandsgatan anställa experimenter med den af honom uppfunna "pansarsprängningsbåten" och "undervattenskanoner". Biljetter till denna förevisning, som isynnerhet för militärer blifva af intresse, finnas till salu i fruktboden vid Gustaf Adolfs torg samt hrr Fahlstedts och Svanströms boklådor.
>
> *Fäderneslandet 1864-05-28*

> Mekanikus Zandahl ämnar i morgon afton kl. 6 förnya sitt experiment med de af honom uppfunna "pansarsprängningsbåten" och "undervattenskanonerna". Denna gång skall en af de sednare visa prof på dess kraft genom att sönder-spränga en båt. Experimentalfältet blir äfven nu Hammarbysjö, men lokalen vid Barnängen. Det tros att H.M. konungen skall öfvervara försöken. Biljetter à 50 öre finnas att tillgå hos hrr Fahlstedt och Svanström samt vid ingången.
>
> *Fäderneslandet 1864-06-11*

> Skolläraren A.B. Sandahl har erbjudit sig att till förherrligande af föreningsfesten nedanför slottet i större skala utföra ett experiment med de af honom uppfunna undervattenskanoner. Till bestridande af kostnaderna härför har Sandahl anhållit hos drätselnämndens 1:sta afdelning om ett understöd af 600 rdr; men afdelningen fann icke skäl att wid ansökningen fästa afseende.

> *Sällskapet "Iduns" november-sammankomst har, med anledning av unionsfestligheterna blivit uppskjuten till andra lördagen i november.*
> *Stockholms dagblad 1864-11-04*

1865 STORT EXPERIMENT

Stort experiment med undertecknads Undervattenskanoner sker nästa Söndag den 18 dennes kl.7 e.m. En båt lastad med 1,000 Ct:r sten kommer då att uti ett ögonblick söndersprängas. Anvisningskort för ställets utvisande, finnas à 50 öre stycket att tillgå dagen före experimentet i Fruktboden vid Gustaf Adolfs torg och Svanströms bokhandel vid Södermalmstorg.

A.B. Zandahl

Obs. Ångbåt samt roddbåtar afgå från Staden till stället 2 gånger i timman.

DN 13 juni 1865

OCH PRESSEN SKREV...

Stockholmarna äro kända för sin lystnad efter nöjen, och under den vackra årstiden roa de sig mer än de flesta andra städers invånare uti naturens sköte. Särdeles om söndagarne ser man öfverallt i de vackra omgifningarna flockar af vandrande, som begifva sig ut för att njuta af lifvet. Bland de skönaste environgerna är trakten vid Nacka, och förliden söndags-afton såg man en hel mängd personer hvimla kring Jerlasjöns idylliska stränder. Den gången var det likväl, utom den vackra naturen, en särskild orsak, som utlockat hufvudstadens invånare.

Man skulle nemligen få bevittna ett skådespel af förstörelse midtibland lifvets herrligaste fenomener, det stygga bredvid det sköna, med ett ord man skulle få se - mekanikus A.B. Zandahl och hans experiment med en båt, som sprängdes i luften. Enligt annons i tidningarna var denna hemska tilldragelse utsatt att ega rum kl. half 8 på aftonen. Såsom alla storheter lät sig emellertid hr Z. vänta på sig temligen länge, och klockan lärer hafva varit ungefär 10, när båten verkligen sprang i luften. De flesta åskådarne hade då redan aflägsnat sig, och man kunde knappt upptäcka några andra, som voro tillstädes än ett par fiskare, hvilkas yrke tvingar dem att snart sagdt både natt och dag uppehålla sig på Hammarby sjö, der de dock, sedan ångbåtarne börjat löpa fram och tillbaka, merändels lägga ut sina krokar förgäves.

Den förstörda båten skulle enligt uppgift varit lastad med tusen centner. Man har dock velat insinuera att lasten vägt blott en tiondel deraf; men man glömmer den kolossala luftmassa, som ju på alla håll tryckte båten och väger flera tusen lispund. Hr Zandahl har uti tidningar fått mycket påskrifvet för sitt dröjsmål med experimentet; man må visserligen till någon del kunna haft rätt i att det kanske var mindre gentilt att så länge uppehålla allmänheten, men när experimentet började, gick det i stället så mycket fortare. Man lärer hafva förhoppning att detta intressanta nöje litet emellanåt blir upprepadt, hvilket dock ej behagar ofvannämnde fiskare. Det säges att de tillochmed ämna stämma hr Zandahl inför rätta, ty alltsedan knallen i söndags ha de icke varit i stånd att uppfiska en enda pinne.

Fäderneslandet 1865-06-21

ZANDAHLS KANON
DEN 14 AUGUSTI 1865

Vad hände egentligen vid Hammarby sjö den där måndagskvällen den 14 augusti 1865? Vad var det som gick fel? Någon bluff eller lurendrejeri från Zandahls sida var det säkerligen inte. Han ville ge en stockholmarna ett spektakel - och förhoppningsvis tjäna några riksdaler till sin skrala kassa. Det var heller inte första gången han ordnade en föreställning där allmänheten inbjöds. Zandahl annonserade i flera tidningar om det kommande evenemanget. En annons i Stockholms Dagblad kostade det här året 8 öre per annonsrad. Ingen annons infördes under 25 öre. Det kunde det vara värt, menade säkert Zandahl.

Annonserna i tidningarna gav resultat. Det kom väldigt mycket folk till Hammarby sjö. Zandahl hade avgränsat de bästa åskådarplatserna med en inhägnad. För att komma in här måste man ha en biljett, som kostade 1 riksdaler. Tyvärr plankade mängder av stockholmare, så det blev inte många biljetter sålda.

Nu väntade alla på att evenemanget skulle starta. Det drog ut på tiden och folk blev allt mer otåliga. Anledningen till dröjsmålet var att kruthandlare Lind vid Stadsgården vägrade Zandahl kredit. Utan krut var det förstås omöjligt att spränga den stenlastade båten som låg ankrad i Hammarby sjö. Zandahl menade att han väntade på kungen. Han hade också skickat en inbjudan till Karl XV, men det är väl tveksamt om den ens nått fram till majestätet.

Och folket ju därför i land måste ro´n, sen gav de på båten Herr Sandahls kanon.

240

ZANDAHLS BOSTÄDER

I augusti 1865 bor Zandahl vid Södermalmstorg. Det är hit den upprörda folkmassan vill släpa båten som de dragit upp ur Hammarby sjö. Här är Zandahl skriven som skollärare. Han bor i kvarteret Överkikaren med adress Södermalmstorg 8. Även i en husförhörslängd anges han vara skollärare, men i Stockholm är han vid det här laget välkänd som uppfinnare och mekanikus.

Kvarteret Överkikaren mot ost och Södermalmstorg före 1913
Källa: Stockholms stadsmuseum

Om det beror på otrevligheterna i augusti eller annat är inte lätt att veta, men nu lämnar Zandahl sin bostad vid Södermalmstorg. Han flyttar bara ett par kvarter bort, till Brännkyrkagatan, kvarteret Ugglan. Här blir han dock inte heller gammal. Redan året efter flyttar han till Storkyrkoförsamlingen. Nu bor han nära Stortorget, i kvarteret Echo. Mot slutet av sin levnad har Zandahl som princip att byta bostad varje månad, utan att ange sin nya adress.

241

1868 DRAMATISK, MUSIKALISK OCH MEKANISK SOIRÉ.

Man skulle kunna tro att Zandahl efter fiaskot med Zandahls kanon och allt spott och spe han fått utstå sedan 1865 skulle dra sig undan offentligheten för gott, men icke! I december 1868 anordnar han i stället en soiré med både rullskridskor och orkester. Fäderneslandets reporter bevistade förställningen och skrev en artikel:

Bland de i julveckan illustrerande offentliga nöjen är måhända på sätt och vis märkligast den "soiré", som i söndags af mekanikern A.B. Zandahl gafs i stora Odéonsalongen (n:r 28 Regeringsgatan). Hr Z. är en verkligt "famos" personlighet, odödliggjord bland annat genom visan om hans kanon som förekom i "Andersson, Pettersson och Lundström".

Hvem vill ej göra bekantskap med samtidens snillen, isynnerhet då man kan få denna förmån för - "ettan krisch"? Och hr Zandahl är en stor man, det är tvärsäkert; skillnaden mellan honom och vår celebre landsman, kapten John Ericsson, är egentligen endast den, att den sednare gör för sitt fosterland uppfinningar i Amerika, den förre i Sverige.

Såsom jag ofvan nämnde, hade emellertid hr Zandahl till i söndags afton uti Odéon annonserat en "dramatisk, musikalisk och mekanisk" soiré. Jag vill med några få ord beskrifva densamma. Publiken, med qvinnor och barn, musiken inberäknad, tycktes uppgå till ungefär 30 personer. I salongens fond finnes en musikläktare, hvilken för tillfället var draperad med ett svart skynke, liknande ett bårtäcke, och bakom detta satt på en stol hr Zandahl, som uppläste några verser om Sverge, hvad det *varit*, *är* och *kan* blifva.

Sedan detta var expedieradt, företog sig soirégifvaren - förmodligen för att visa huru vårt fosterland bör alltmera fortgå i snabbt framåtskridande - en snabblöpning på sina nyuppfunna s.k. "motioneringsmaskiner" (en slags rullskridskor à la Jackson Haines), under det orkestern uppspelade en munter galopp. Tyvärr inträffade att uppfinnaren flera gånger under motioneringen stupade på näsan, hvilket dock ej hindrade honom att, liksom svenska folket resa sig upp och ta nya tag.

Slutligen förevisade det mekaniska snillet den beryktade "Zandahls kanon", med hvilken han gjorde experimenter med antändningar i vatten, inslaget i en filbunke af glas, som ögonblickligen exploderade och sprutade sitt innehåll öfver de under läktaren sittande musikanternas hufvuden, så att dessa icke brydde sig om att blåsa den på programmet utlofvade folksången, - hvilket var det bästa af hela föreställningen.

Fäderneslandet 1868-12-23

1869 UNDERVATTENSBÅTEN

Zandahl har detta år ett nytt stort projekt på gång. Den här gången är det en undervattensbåt. Tidningen Fäderneslandet beskriver arbetet så här:

Den outtröttlige och uppfinningsrike mekanikern Zandahl - alla känna hans kanon och historien om hans beryktade båt - har alltsedan i våras varit sysselsatt med byggandet af ett nytt slags undervattensbåt. Denna båt, byggd vid skärgårdsartilleriets varf å Skeppsholmen, utgör en slags svärdfisk. Den har nemligen fullkomligt denna form, med en lång stång i nosen, och med ett slags fenor vid sidorna; dessa afsedda för farkostens neddragning i djupet. För öfrigt framdrifves vidundret medelst en propeller, som sättes i gång genom en trampmaskin.

Båten, hvilken af varvspersonalen allmänneligen kallas "Zandahls enhjuliga velociped", är afsedd för antändning af undervattensminor. Emellertid är hr Zandahl, som det säges, tvehågsen om han skall våga försöket att nedstiga i djupet med sitt underdjur - man kan sålunda icke veta, hvad den på statens bekostnad byggda dykeriapparaten kan komma att duga till.

Fäderneslandet 1869-09-29

År 1869 byggdes på Galärvarvet i Stockholm den s.k. "Sandahls kanon". Det var en ubåt som framdrevs med handkraft men som aldrig kom så långt som till provturer. Sandahl lyckades övertala två sjömän att tillsammans med båten sänka sig under vattenytan men det var endast en kombination av tur och litet dykdjup som gjorde att sjömännen kom upp levande till ytan igen.

Efter "provet" lät de sig inte övertalas att försöka igen och "Sandahls kanon" blev aldrig mer än ett kuriöst föremål i ett av skjulen på varvet. Samma öde gick stångminbåt konstruerad av S.V.Zethelius till mötes. Hans båt fungerade visserligen någorlunda väl men både den och "Sandahls kanon" ströks ur flottans rullor i februari 1880 såsom varande fullständigt oanvändbara.

Källa: Jan-Erik Thofth - Svenska ubåtar

1873 LIFRÄDDNINGSSTÅNG

Den sista uppfinningen som det står att läsa om i pressen är en livräddningsstång, som Zandahl tänker sig ska kunna rädda människor vid eldsvådor. Han lämnar in en modell och beskrivning av livräddningsstången till överståthållarämbetet och hoppas få 1000 riksdaler för uppfinningen.

1800-talets Sverige skiljer sig på många sätt från dagens samhälle. I dag finns ett socialt skyddsnät med flera bidragssystem som alla kan ta del av. Vi lever också allt längre tack vare en bättre kost, bättre bostäder och bättre sjukvård. Mellan 1800 och 1920 ökade medellivslängden i Sverige från 37 år till 60 år.

Under hela tiden fram till början av 1900-talet försörjdes äldre, som inte kunde arbeta längre, av sina barn. För de som saknade den möjligheten återstod endast den kommunala fattigvården. Legostadgan från 1833 innebar att alla invånare som inte hade arbete måste skaffa sig ett - för att inte ligga samhället till last. Den som blivit av med sitt arbete måste snarast skaffa sig en ny tjänst. Både män och kvinnor förväntades arbeta. Lagarna om tjänstetvång gällde alla som fyllt 15 år. För den som ägde jord gällde inte lagen. Det var bara löneberoende människor som berördes.

Legostadgan reglerade tjänstetvånget fram till 1885. Det innebar att varje arbetsför person var skyldig att arbeta för sin försörjning om han inte kunde försörja sig på annat sätt. Fram till 1919 kunde även polishämtning ske om den anställde lämnat sin arbetsgivare innan kontraktsåret var över.

Kongl. Maj:ts förnyade nådiga
Legostadga för hus-Bönder och tjänstehjon;
Given Stockholms Slott den 23 November 1833.

1 §. Hvar och en, som icke har laga försvar skall, för att ej ligga samhället till last, sådant sig förskaffa. ---- Hvar och en annan skall, för att ega laga försvar, förskaffa sig årstjenst hos husbonde å landet eller i städerne, eller i Stockholms stad halfårstjenst, och i den husbondes tjenst användas, som honom mantalsskrifva låtit; eljest vare han underkastad den skyldighet och den påföljd, som [i Kongl. Maj:ts nådiga Förordning af den 29 sistlidne juni, huru med försvarslösa personer förhållas bör,] stadgat finnes.

> **Försök till bedrägeri m.m.** I onsdags stod målaren Anton Bernhard Zandahl tilltalad för bettleri och försök till bedrägeri. Efter slutadt förhör dömdes han att som försvarslös och bettlare intagas å arbetshus. Det må nämnas att denne Zandahl är densamme, som på 1860-talet experimenterade med den s.k. "Zandahls kanon", besjungen i folkkomedien "Andersson, Pettersson och Lundström".
>
> *Fäderneslandet den 19 mars 1875*

I TITTSKÅPET

Birger Schöldström (1840-1910) föddes i Kungsbacka. Han genomgick Göteborgs realgymnasium och arbetade därefter en tid vid D.F. Bonniers bokhandel. Han övergick emellertid snart till publicistisk verksamhet och blev 1863 knuten till Göteborgs-Posten. År 1867 flyttade han till Stockholm, där han under en period tillhörde medarbetarna i Aftonbladet. Under 1870-talet medverkade han bland annat i Söndags-Nisse, Stockholms Aftonpost och Nya Dagligt Allehanda. Vid sidan av journalistiken ägnade han sig åt kulturhistoriskt författarskap – inte minst rörande bibliografi och personhistoria – vilket upptog allt större del av hans tid.

1891 gav Schöldström ut boken "I Tittskåpet" med flera intressanta artiklar kring bland andra Anna Maria Lenngren och Carl Michael Bellman. Här finns också en artikel om "Zandahls kanon", vilken på närmast omstående sidor kan läsas i sin helhet.

Det finns väl ej mången, som ej hört talas om Zandahls kanon, eller som ej någon gång gnolat de Frans Hodells qvicka kupletter, hvilka förevigat denna märkliga kanon: om huru "flickan på Söder ", som hette Fredrika, gick ut till Danviksbron för att kika på Zandahls kanon med den olyckliga påföljd, att

> - - hon stannade vid hospitalet,
> det kan man ju tänka, när det gick så galet;
> och ännu så står hon och tittar från bron
> men slug blir hon aldrig på Zandahls kanon.

En stor del af allmänheten, särdeles af den yngre generationen, torde dock numera ej hafva stort reda på hvad Zandahls kanon var för en pjes. Då den tilldragelse, som gaf anledning till den nämda visan, nu är tjugofem år gammal - och lite' till - må det ej anses vara ur vägen att draga fram den såsom ett i sitt slag jubelfestligt minne i detta jubelfesternas tidehvarf.

Historien om Zandahls kanon går imellertid ännu längre tillbaka "i häfden" än 1865. Tio år förut eller i Juli 1855 - under brinnande krig mellan de allierade Vestmakterna och Ryssland - lästes i Aftonbladet följande annons:

> Förlagssumma á 1,000 rdr önskas till förfärdigande af en i vattnet sjelfgående sprängningsmaskin, för att hembjudas till inlösen åt de allierade. Ett prof har redan i flere personers närvaro blifvit försökt och befunnits ändamålsenligt.
> Svar till "Mekanik" afvaktas å Dagbladskontoret.

> En af hufvudstadens d. v. spekulerande kapitalister, en f.d. sjökapten Söderström, fäste sig vid annonsen och besvarade den. En sig så kallande mekanikus A. B. Zandahl - eljes f.d. skolmästare - infann sig hos hr S. och presenterade sig såsom förstörelsemaskinens uppfinnare. Maskinens mekanik föreföll hr Söderström sinnrik och, såsom en äkta rysshatare, beslöt han våga en del af sin förmögenhet för att sätta England och Frankrike i tillfälle att på en gång, i ett enda andetag, spränga ryska flottan i luften. Mekanikus Zandahl erhöll alltså af kapten Söderström ett lån - visserligen ej de äskade 1,000 riksdalerna, men dock 200 banko, med hvilken storartade summa helvetes-maskinen skulle tillverkas.

246

Men imellertid kom maskinens uppfinnare på andra tankar, hvad den utrikes politiken beträffade. Det började nämligen sommaren 1855 gå rykten, att ryske czaren ämnade lösa åtskilliga af de fjettrar, hvarmed det olyckliga Polen snärjts, och nu ansåg tit, Zandahl den ryska politiken vara högst aktningsvärd och från hans sida äfven uppmuntransvärd. Han meddelade sig härom med sin förlagsman, kapten Söderström, och föreslog honom sälja den stora uppfinningen åt Ryssland i stället för att afyttra den åt Vestmakterna. Kapten Söderström, som just ej var särdeles stark i politiken, frågade äfven föga efter Europas jämnvigt, som nämda undergörande maskin, en gång i Rysslands händer, ohjelpligt skulle hafva rubbat. Han tänkte bara på att berga sina förskjutna 200 banko och frågade icke ett dugg efter något vidare.

Underhandlingar inleddes alltså med legationsrådet Bodisco, Rysslands d. v. extra minister i Stockholm för hemliga ärenden. Hr Bodisca blef naturligtvis öfversäll af förtjusning, då han fick höra omtalas hr Zandahls uppfinning; han mottog de båda herrarne högst förbindligt, bjöd på cigarrer och champagne, och handeln afslöts.

Men nu komma vi till ett singuliert kapitel i denna sannfärdiga historia, ett kapitel, sam gaf anledning till en rättegång - eller rättare sagdt rättegång på rättegång - som, refererad i långa banor i den tidens press, beredde hela Stockholm högtider af skratt.

Hr Bodisco och hr Zandahl voro ense om det pris, hvarmed maskinen skulle betalas men hade icke öfverenskommit om den myntsort, hvari betalningen skulle utgå. Uppfinnaren önskade reda penningar i Sveriges rikes ständers banks sedlar guld eller silfver, men hr Bodisco hade andra tankar och föreslag att få betala maskinen med - - - två gamla vagnar. ("Otroligt, men sannt!" sa' Enström.)

Nå ... äfven detta anbud antogs, och förlagsmannen skulle af uppfinnaren hafva dessa vagnar såsom säkerhet för sitt lemnade förskott. Vagnarne fördes till en sadelmakare att hos denne förvaras.

Ett par dagar derefter begifver sig kapten Söderström till sadel-makaren, förklarande, att han, Söderström, egde dessa vagnar i säkerhet för en fordran å 200 rdr b:ko "Det kan jag inte hjelpa", förklarade sadelmakaren; "jag har gifvit mitt intyg på att vagnarne blifvit hos mig, aflemnade, och detta bevis vet jag att skräddar Lundqvist [en ökänd den tidens småprocentare] innehar såsom säkerhet för en till mekanikus Zandahl förskjuten summa af 300 riksdaler banko. Den, som återställer detta mitt qvitto, lemnar jag vagnarne" - slöt sadelmakaren - "honom och ingen annan."

I vredesmod sköt vår kapten af i tolf knops fart till den store uppfinnaren. Jaa, det var lite' förargligt, det der", medgaf titulus Zandahl; men han hade, sade han, ett bättre hypotek än de der ryss-luktande gamla vagnarne - ett charmant flygelpiano; hvad sade hr kaptenen om det? Der stode det, der vid väggen. Jo bevars, det vore nog en snygg pantmöbel - tyckte kaptenen. Och man öfverenskom, att instrumentet skulle transporteras till en fabrikör Wickström vid Nygatan och der tills vidare insättas. Så skedde ock, under S:s egen sorgfälliga uppsigt. Derefter bjöd kaptenen på en bättre frukost in på "Norges vapen", och allt tycktes godt och väl.

Men huru måla kaptenens öfverraskning, hans bestörtning, då följande dag en poliskommissarie infann sig hos honom med den underrättelse att det piano, hvarpå han satt sitt sista hopp, vore tillhörigt en änkefru Hirsch och af henne blifvit till Zandahl förhyrdt. Egarinnan hade fått vetskap om att Zandahl lemnat det till Söderström och protesterande mot sin egendoms pant-förskrifning, fordrade hon instrumentet åter. Blixt och dunder! Hade maskinen inför kaptenens ögon och öron sprängt gubben Napier och de båda allierade flottorna i luften, skulle denna händelse icke gjort honom så perplex som kommissariens budskap. Finge man tro ett referat i en af hufvudstadens tidningar, skulle kaptenen i första häpenheten anmodat poliskommissarien att genast för hans räkning fria till änkefru Hirsch, i tanke att genom giftermål med henne rädda instrumentet, men kommissarien ingick ej i svaromål, utan kallade i stället kaptenen till polisen.

Och nu intrasslade sig en befängd rättegånghärfva hvarur dock ändtligen änkefrun lyckades rädda sitt piano, skräddaren sina vagnar och Zandahl sin maskin; men den stackars kaptenen fick se allt detta dunsta bort som en rök tillika med drömmarne om ett herresäte med tusentals lifegna S:t Annae-orden i briljanter samt en amiralsfullmakt i ryska flottan. Derpå hvilade munsjör Zandahl i tio år på sin. lagrar och rufvade på sin uppfinning.

Till måndagen den 14:de Augusti 1865 hade mekanikern Zandahl, enligt annonser i tidningarna, utsatt ett experiment med ofvan nämda sin uppfinning, hvilken nu benämdes "en af honom konstruerad undervattenskanon ". Med denna kanon skulle han sagda dag kl. 7 e.m. spränga i luften en bepansrad båt, lastad med flere tusen centner sten. Allmänheten inbjöds att från en plats å stranden strax invid Danviken - experimentet skulle ega rum å Hammarby sjö - taga spektaklet i betraktande, naturligtvis mot kontant erkänsla. Tillfälle var jämväl, enligt tillkännagifvande i Aftonbladets textafdelning, beredt för intresserade att före experimentet taga kanonen i skärskådande, antagligen också mot en lämplig ersättning till det mekaniska snillet.

Den stora dagen kom, och en väldig publik hade strömmat till för att "se på kanon". Men hela spektaklet upplöstes i en väldig skandal; ty, qväder den ofvan anförde glade kuplettförfattaren :

Si saken var den, att midt opp uti ståten
gå kom själve Fan och sig satte i båten,
och folket just derför i land måste ro'n -
se'n gaf det på båten herr Zandahls kanon.

När detta var gjordt, börja' mängden att hurra,
och sedan så gick det precis som en snurra
att bära framåt uti likprocession
Hin håle och båten och - Zandahls kanon.

Men - för att relatera saken prosaiskt - så refererades den dagen derpå i Aftonbladet på följande sätt:

"Den som i går afton kl. omkring 9 passerade öfver Slussen framemot Jernvågen möttes der af en ofantlig menniskomassa, uppgående med säkerhet till ett par tusen personer, som under väldiga skrik och hurrarop kom rusande utför Stora Glasbruksgatan. Midt i folkhopen såg man en större röd flagg svaja. Kommen fram till basarbyggnaden vid Carl Johans torg, stannade folkmassan, sedan en större polisstyrka samt på reqvisition en militärpatrull anländt från Södermalmstorg. Man upplystes nu om hvad som var å färde. Som bekant hade en hr Zandahl i de dagliga tidningarna annonserat till i går afton kl. 7 om en undervattenskanon, som skulle spränga i luften en bepansrad båt, lastad med 3000 centner sten och liggande i Hammarbysjön. Sedan en större folkmassa samlat sig och penningar blifvit uppburna af åskådarne, hördes ingenting af det blifvande experimentet, hvarför, på en gång förut ingenting blifvit af med ett dylikt annonseradt experiment och då klockan blifvit något öfver half 8, några personer rodde ut till den i sjön liggande båten, gjorde loss den och förde den i land, der den uppdrogs. Nu uppretades folkhopen dels derigenom att endast ett skottkärrelass sten fans i båten och dels derigenom att båten icke hade den i annonsen omtalta pansarbeklädnaden. Ett par personer, som påstodo, att hr Zandahl gått hem, föreslog att man borde hemföra båten till honom vid Södermalmstorg. Detta förslag antogs, och flere hundra personer fattade tag i båten och släpade den efter sig, över Pilgatan, Tjärhofsgatan, Stadsträdgårdsgatan samt Stora Glasbruksgatan, företrädda och efterföljda af mångdubbelt flere.

Polisen i Katarina reqvirerade i förbigående en hop stadssoldater för att hindra båtens vidare släpande; men oaktadt flere sådana tillkommo fortsattes, färden under ett förfärligt skrikande och hurrande. Sedan det lyckats att hejda massan vid Jernvågen, nedkastades båten derstädes af stadsmilitären, och gardespatrullen hindrade folket att gå dit ner. Efter en stund och sedan några hurrarop utbragts, skingrade folkmassan sig, och hvar och en gick till sitt helt lugn, endast mumlande något om skojare m.m."

Oväsendet måtte bland de fredliga invånarne på Söder väckt ej ringa förskräckelse, att döma af följande lustiga notis några dagar efteråt i Söndags-Nisse (d. 20 Aug. 1865):

"Ryssen kommer!" En svår panik hemsökte om aftonen, då Zandahlska båten lik en ny Dahlströms jakt gick på torra landet, södermalmsborna. När de 2-3,000 personerna under hurrande och skrikande stormade fram genom gatorna med båten, så att det dånade i husen, spridde sig ropet "ryssen kommer!" som en löpeld öfverallt, och man visste icke om man skulle våga sig ut. Ett par högre militärpersoner (inga namn!), hvilka bo i trakten, lära blifvit så förskräckte, att den ene sprang upp på vinden och den andre ned i en källare, för att gömma sig, i den fulla tron, att det var frågan om verkliga fiendtligheter."

Saken slutade med ett efterspel, som utagerades i - polisdomstolen. Dit kallades nämligen dagen efter uppträdet oväsendets upphofsman, Zandahl, att stå till svars för sitt beteende. Dervid kom det i dagen, att den s. k. undervattenskanonen var en pjes af - jernbleck, omkr. 2/3 fot hög, en fot i diameter och till utseendet lik en mjölkflaska - med tre ord sagdt: en vanlig bleckburk. Ehuru den, enligt tillkännagifvande, skulle vara färdig att bese tidigt samma dag, upplystes det, att den fruktansvärda pjesen icke varit i ordning ännu så sent som klockan 5. Hvad slags laddning Zandahl ämnat använda för att denna särdeles enkla kanon skulle en så kraftig verkan åstadkomma - han försäkrade i en till polisdomstolen ingifven skrift, att han med sin kanon "mycket väl kunde spränga 3,000 centner sten i luften", - det förblef en hemlighet; dock upplyste kommissarien Norrlin, att Zandahl klockan 6 på eftermiddagen varit inne i Linds kruthandel vid Stadsgården och försökt få krut på kredit. Det ådagalades jämväl, att båten, som ej tycks hafva varit af största sortens fartyg, långt ifrån var lastad med några tusentals centner sten - de utlofvade 3,000 ctnr reducerade sig till ungefär tre vanliga åkarlass af den varan.

Zandahl slapp ifrån saken lindrigt nog: han förelades vid 150 riksdalers vite att icke företaga några dylika experiment i hufvudstadens omgifningar, innan han underrättat myndigheterna om sprängämnets halt o. s. v., till förebyggande af olyckshändelser.

Som en pikant omständighet förtjenar anföras, att den fiffige mekanikern som orsak till experimentets inställande uppgaf, att konungen, som lofvat infinna sig, uteblifvit. Då det upplystes, att högstdensamme var fullkomligt okunnig om hr Zandahl och hans experiment, bedyrade Zandahl, att han genom adjutanten grefve Platen låtit inbjuda h.m:t till det storartade skådespelet. Hade bara kungen kommit, skulle det blifvit annat af, menade Zandahl.

Saken gaf naturligtvis ämne till mycket gyckel både man och man imellan och i tidningarna och Zandahl blef i hast en af dagens förevigade och besjungna ryktbarheter. Som ett prof på denna Zandahls-literatur må anföras följande visa ur Söndags-Nisse, helst som den torde vara betydligt mindre känd än den Hodellska kupletten:

> *Det var herr Zandahl, mekanikus.*
> *men tyst, tala aldrig om'et!*
> *som lyser klart med sitt eget ljus -*
> *men tyst, tala aldrig om'et!*
>
> *J ohu Ericssons lager, må ni tro,*
> *men tyst ...*
> *den ger herr Zandahl ej någon ro!*
> *men tyst ...*
>
> *Han för att ryssen *) med häpnad slå -*
> *men tyst .. ,*
> *så stort ett experiment tänkt på -*
> *men tyst ...*
>
> *En gammal bleckask på vind han fann -*
> *men tyst ...*
> *och en kanon deraf gjorde han -*
> *men tyst ..*

*) En rysk eskader med Storfurst Konstantin
ombord gästade Stockholm i de dagarne.

251

Den skulle spränga en pansarbåt -
men tyst ...
så ryssen skulle af skräck gå åt
men tyst ...

Af två madamer han hyra fick
men tyst ...
en båt, som genast blef satt i skick -
men tyst ...

Med sten den fyldes (det såg en hvar -
men tyst ...
om i sin tro riktigt stark han var -
men tyst ...)

Och så till Hammarbysjö han for -
men tyst ...
der skulle vinnas en ära stor -
men tyst ....

Och alla vänta' en undersyn -
men tyst ...
och själfve månen satt rädd i skyn
men tyst. "

Det dröjde timmar, det dröjde tre
men tyst ...
och intet underverk fick man se -
men tyst ...

Fast han var med när som krut uppfans
men tyst ...
en nypa hade han ej till hands -
men tyst ...

Och det var väl för den stackars mån' -
men tyst ...
och ännu mer för John Ericsson -
men tyst ...

Då tog' de båten och drog till strand
men tyst, ..
och så den bars i triumf på land
men tyst ...

Och halfva Stockholm var med och drog
men tyst ...
herr Zandahl gladt åt den äran log -
men tyst ...

Förty hans namn blef så vida kändt --
men tyst, tala aldrig om'et!
allt genom detta experiment -
men tyst, tala aldrig om'et.

Och härmed försvinner både
Zandahl och hans kanon från
vår synrand.

ZANDAHLS KANON - ÄVENTYRSSKILDRING

I inledningen till boken *Zandahls kanon* beskriver författaren Anton Granfeldt hur hans faktainsamling till boken gått till: Dels har Granfeldt flera gånger själv samtalat med både Zandahl själv och hans son. Dels har han fått information från en äldre släkting som kände Zandahl sedan "yngre dar".

Utöver tidningsklipp har också Bengt Schöldström ställt material till Granfeldts förfogande. Denna boks sista kapitel, som börjar på nästa sida, ägnas Anton Granfeldts artikel i Trelleborgstidningen den 5 december 1905.

EN UPPFINNARE "ZANDAHLS KANON"

Trelleborgstidningen 1896-12-05

I Stockholms-Tidningen läste jag för en tid sedan om ett Stockholmsoriginal med den fixa idén om guldgrufvor i Djurgårdsbergen. Jag kom då att tänka på en liknande personlighet, som jag sedan barndomen känt, och som för ett 30-tal år sedan nog var känd af hela Stockholm; han blef förresten besjungen af Frans Hodell i en allom bekant visa.

Den lille gråskäggige magre gubben med de små röda ögonen syntes dagligen under 3 decennier på våra gator, alltid med en pappersrulle under armen - i hans tycke ett dyrbart dokument, ty det rörde städse en epokgörande uppfinning af honom sjelf, som han ville lyckliggöra menskligheten med. Blott det ej vore så svårt att få pengar tillräckligt! I detta syfte uppvaktade han emellerid outtröttligt den ene efter den andre, företrädesvis inom adeln - ty grefvar och baroner, det var hans folk - under årtionden lefde han af deras allmosor.

Gubben hade haft sina glansdagar. Det fanns nemligen en tid, då man ej såsom sedan hade blott medömkans löje för hans uppfinningar, utan då han verkligen sattes i stånd att realisera dem. Sjelfve Carl XV var en tid hans beskyddare.

På 60-talet fick han tillfälle att utföra ett slags undervattensbåt eller mina, som skulle förslå att spränga i luften alla fiendeflottor, som nalkades vår kust. Han hade fri arbetskraft vi Södra varfvet och fri materiel samt för sig sjelf i underhåll 25 riksdaler om dagen. Det var en tid som hette duga! Men den varade nog ej länge. Visserligen blef uppfinningen färdig, men ingen ville köpa den. Sedan det ej lyckats med Sverige, vände han sig till utlandet och skref om saken en brochyr på fyra olika språk, men utan resultat.

Då beslöt han att hålla offentliga förevisningar med sin mina, men den affären slog dåligt ut. Det var en misslyckad afprovning, som gaf ämne till visan om "Zandahls kanon", ty det original, jag talar om, var just gubben Zandahl. Om händelsen i fråga berättade han gerna för den, som ville höra på. Han hade annonserat i tidningarne om den stora afprovningen; hans undervattensmina skulle spränga i luften en med tegel lastad större roddbåt. Till en inhägnad plats togs en riksdaler i entré. Men det unga Stockholm tog plankbiljett, så att den påräknade recetten blef skral. Och kreditorerna uteblef ej; bland andra kom kruthandlaren, som vägrade aflemna den nödvändiga ammunitionen, innan räkningen var betald. På det viset blef det ingen sprängning af.

En annan gång hade han föranstaltat en uppvisning i åkning på ett par rull-skridskor af egen fabrikation. Publiken hade då betalat och satt och väntade på det stora numret, då Zandal själf skulle komma inåkande på estraden. Och han kom - med stark fart och satte en väldig rofva. Publiken började skratta och hvissla, och slutet höll på att bli ledsamt för Zandal, som dock lyckades i någon mån rädda situationen genom att förklara missödet bero på en sönder-sprungen rem.

En uppfinning, som han "nästan" höll på att lyckas med var ett snabbskjutande gevär. Det var under skarpskytterörelsens glansdagar, och en af landsorts-städernas skarpskytterkårer hade antagit det nya geväret. Förlagslån anskaf-fades, men Zandal förstod ej konsten att sköta pengar, denna gång förbrukades de, innan tillverkningen kommit i fart.

Zandal föraktade ej en god middag, då det var möjligt att få den och fickorna hade han fulla med bakelser och snask, som delades mellan hans egen mun och mötande småttingars.

Så småningom drog sig beskyddarna ifrån det något extravaganta geniet, och det började gå utför med gubben. Hans uppfinningar blefvo allt mera exent-riska. När på 80-talet nihilisterna i Ryssland så mycket läto tala om sig, hade Zandal strax en uppfinning färdig, som i ett slag skulle tillintetgöra hela bundten af attentatmakare, och han skref många bref härom till tsaren.

I vanliga ämnen voro hans resonnemang fullt rediga, stundom präglade af en viss lärdom, för det mesta qvicka och humoristiska. Jag sökte der-för ofta upp gubben för att få språka om gamla minnen och lyssna till hans originella tal, allt emellanåt späckadt med latinska och hebreiska glosor, ty han var en studerad karl och hade i sin ungdom varit skollärare. Om man fick döma af hans kyrkogång, så tycktes han vara religiös. Hvarje söndag fann man honom regelbundet i kapellet vid Malmskil-nadsgatan, der han i 20 år haft sin bestämda plats på högra läktaren, och der jag brukade söka gubben, då jag ville träffa honom, ty sina bostadsförhållanden hade han ej vidare ordnade, om ej i det hänseendet, att han flyttade regelbundet hvarje månad med princip att aldrig uppge sin nästa adress.

Under detta ambulatoriska lif under de två sista årtionden var han dock inte ensam; hans lifs vedermödor delades troget af hans son. Gubben hade nämligen vid 60 år sin lilla roman, och en qväll fann han vid sin hemkomst, alldeles som Aug. Blanches Konjander, en liten verldsmedborgare i sin ungkarlssång. Skilnaden var blott den, att gubben Zandal kändes vid fyndet och behöll det. Ja, det vill säga, han lemnade ju gossen i andras vård den allra första tiden, men sedan voro far och son oskiljaktiga, så långt jag kan minnas tillbaka; vi voro jemnåriga, den unge Z. och jag. Nu har jag förlorat honom ur sikte.

Sista gången jag såg dem båda var där våra Stockholmsoriginal spela den sista akten - på Grubbens. Sina principer trogen, blef den gamle kvar blott en månad och gjorde sin sista flyttning. Sonen stod med tårar i ögonen, då jag hälsade på hos den döende; men gubben hälsade mig med sitt vanliga leende, om än något mattare än eljest. Han höll ett skrynkligt papper mellan de skrumpna fingrarna.

- Min senaste uppfinning - hviskade han. Jag tittade på "ritningen", men fann blott oregelbundna streck och krumelurer.

A. G-t.

ZANDAHLS KANON

G   Am
En ynkelig visa jag önskar att sjunga
D7   G
med anda, med kropp och med själ och med tunga
                  C   Am
med hjärta, med strupe, med hals och med ton
G   D7   G
om en som blev tokig i Zandahls kanon.

G   Am
Det var just en flicka som bodde på söder
D7   G
som mistat båd´ fader och moder och bröder.
              C   Am
För alla var gångna till himmelens zon
G   D7   G
precis som åt fanders, herr Zandahls kanon.

G   Am
Och flickan på söder hon hette Fredrika
D7   G
och plägade ofta i Dagbladet kika.
            C   Am
En dag var hon inne hos hökarn i bo´n,
G   D7   G
och då fick hon läsa om Zandahls kanon.

G   Am
Hon läste att den som sig ville begiva
D7   G
till Danviken skulle ett slughuvud bliva.
            C   Am
Om blott man sig ställde och titta från bron,
G   D7   G
på båten som sprängdes av Zandahls kanon.

G   Am
Och flickan satt på sig den sötaste minen
D7   G
och koftan och kjolen och så krinolinen.
            C   Am
Och sedan till Danviken tog hon motion
G   D7   G
men såg varken båt eller Zandahls kanon.

257

```
     G                          Am
Si, saken var den att mitt oppe i ståten,
     D7                    G
så kom själva fan och sig satte i båten.
                      C        Am
Och folket ju därför i land måste ro´n,
     G                    D7           G
sen gav de på båten Herr Zandahls kanon.


     G                            Am
När detta var gjort, börja´ mängden att hurra
     D7                         G
och sedan så gick det precis som en snurra.
                    C        Am
Att bära framåt uti likprocession,
     G                    D7          G
hin håle och båten och Zandahls kanon.


     G                          Am
Men flickan hon stannade vid hospitalet,
     D7                          G
det var ju naturligt, när allt var så galet.
                      C        Am
Och ännu så står hon och tittar från bron,
     G                    D7           G
men slug blir hon aldrig på Zandahls kanon.


     G                          Am
Och denna här visan en smed haver diktat,
     D7                       G
som uti polisen för oljud har pliktat,
                        C       Am
för när han var ute och såg på kanon,
     G                  D7            G
så var han på kulan, den dumma kalkon.
```

Kungöres att undertecknad antagit namnet A.B. Zandahl
Stockholm i September 1861
A.B. Zandahl

Post- och Inrikes Tidning 25 september 1861